연설의 정석

품격이 힘을 낳는다

연설의 정석

품격이 힘을 낳는다

1판 1쇄 인쇄 | 2024년 1월 20일
1판 1쇄 발행 | 2024년 1월 25일

연 설 문 | 김대중
주   해 | 김학민
펴 낸 이 | 양기원
펴 낸 곳 | 학민사

출판등록 | 제10-142호, 1978년 3월 22일
주   소 | 서울시 마포구 토정로 222 한국출판콘텐츠센터 314호(☎ 04091)
전   화 | 02-3143-3326~7
팩   스 | 02-3143-3328
홈페이지 | www.hakminsa.co.kr
이 메 일 | hakminsa@hakminsa.co.kr

ISBN   978-89-7193-269-8 (03340), Printed in Korea

김대중 대통령 탄신 100년,
60년 전 40세 김대중 의원의
5시간 19분 필리버스터 전문
최초 공개!

The Art of
Kim Dae-Jung's
Speech

연설의 정석
품격이 힘을 낳는다

김학민 주해

학민사
Hakmin Publishers

CONTENTS

일러두기 _ 06

김대중 의원의 5시간 19분 국회 발언 전문 _ 07

주석 _ 146

5시간 19분 필리버스터에 대한 김대중 대통령의 회고 _ 163

관련 자료 _ 171

1. 국회의원 체포 동의 요청의 건
(수신 법무부장관 민복기)

2. 국회의원 체포 동의 요청의 건
(수신 검찰총장 신직수)

3. 국회의원 체포 동의 요청의 건
(수신 서울지방검찰청 검사장 서주연)

해제 / '김대중 연설'의 기술 또는 예술 _ 189

일러두기

1 이 책에 수록된 내용은, 1964년 4월 20일, 제41회 국회 19차 본회의에 상정된 '국회의원(김준연) 구속 동의의 건' 처리를 앞두고 김대중 의원이 '의사일정 변경'을 요구하는 발언의 속기록을 정리한 것이다.

2 속기록의 내용은 원문대로 수록하되, 확실하다고 판단되는 오탈자는 수정하였다.

3 속기록의 문어체(文語体)로 인해 발생하는 의미 전달의 모호성을 해소하기 위해 쉼표(,)를 찍어 구분하였다.

4 속기록에 등장하는 국회의원을 비롯한 정치계 인사들의 신상 및 김대중 의원의 발언에서 언급된 사건 사고에 대한 이해를 돕기 위해 주석을 달았다.

5 정부로부터 국회에 제출된 '국회의원(김준연) 구속 동의의 건' 관련 문서 3건과 5시간 19분의 이 발언에 대한 김대중 대통령의 회고담을 부기하였다.

6 속기록 한 편을 통권 편집함으로써 발생하는 가독성 문제를 해소하기 위해 김대중 대통령의 발언, 연설 관련 사진들을 연설문 중간에 배치하였다. 이 사진들은 연세대학교 김대중도서관에서 제공하였다.

7 김대중 대통령의 발언과 연설의 논리적 기초와 구조적 특성을 분석하는 주해자(注解者)의 해제(解題)를 본문 뒤에 붙였다.

1964년 4월 20일 오전 10시
41회 19차 본회의

김대중 의원의
5시간 19분 국회 발언 (전문)

김대중 의원의 5시간 19분 국회 발언
(전문)

의장 이효상[1]

시간이 되었으므로 제19차 본회의를 개의하겠습니다.

보고사항이 있겠습니다.

의사국장 권효섭[2]

보고를 올리겠습니다.

(보고사항은 말미에 기재)

의장 이효상

지금 여러분이 보시는 바와 같이 민정당民政黨[3]과 삼민회三民會[4]의

의원은 한 분도 계시지 않습니다. 이것은 어째서 그런고 하니, 아까

말씀드린 바와 같이 민정당과 삼민회는 각각 의원총회를 열고 있었습니다.

그런데 그 의원총회가 끝이 났습니다만, 끝이 난 뒤에 이번에는 연합의원총회를 열고 있습니다. 언제 그 연합총회가 끝이 날 것이냐, 지금 알아본 결과 앞으로 1시간이 필요하다, 이런 말씀이올시다.

그래서 의장으로 생각할 때에 너무 과하다, 이 말이에요. 그래서 지금 다시 의사국장을 보내서 좀 더 단축하도록 촉구를 해 보겠습니다. 하여간 지금 여러분 의사가 어떠신지 모르지만, 이대로 진행하기는 곤란하니 잠시 정회를 했다가…

("그냥 해요!" 하는 이 있음)

그분들이 오시도록 촉구를 해 볼 수밖에 없다고 생각합니다. 잠시 정회를 선포합니다.

(오전 11시 42분 회의 중지)

(오후 0시 53분 계속 개의)

의장 이효상

다시 속개하겠습니다. 지금까지의 경위를 말씀드리면 아직도 아까 말씀드린 그 연합총회가 끝이 나지 않았습니다. 그동안 의장

연설의 정석

으로서 수차 빨리 본회의장에 출석하기를 촉구했습니다.

또 양 교섭단체의 총무를 의장실까지 오라고 두 번이나 통고를 했습니다. 곧 온다온다 하면서 이렇게 늦게까지 오지 아니했고, 방금 두 총무께서 오셔서 만나봤습니다. 하니 '연합총회의 상황이 지금 진행 중이므로 아직도 어떠한 결론을 얻지 못했다,' '그러면 본회의에라도 출석할 것이냐, 아니 할 것이냐?' '거기에 대해서도 말할 수 없다. 가급적이면 내일 이 의사일정을 상정시켜주는 것이 좋지 않겠느냐?' 그런 희망을 말했습니다.

그러나 본인은 '지금까지 근 3시간이나 기다리게 해 놓고 이제 또 그렇게 말할 수 있겠는가…' 다시 그 총무단이 말하기를 '지금 운영위원회에 야당의원들이 입장을 했으니 거기에서 오늘 의사일정이 논의가 될 것이 아니냐? 그 논의에 따라서 상정이 될 것이 아니냐…' '그것은 그렇다. 그러나 만일 야당 의원들이 반대하더라도 그것이 오늘 의사일정으로 오르도록 통과될지 알 수가 없다,' '그런 경우에는 어떻게 할 것이냐? 그것을 할 것이냐, 아니 할 것이냐?' '아직 대답할 수 없다' 이렇습니다.

이래서 의장으로서 이와 같이 협상이 되지 아니 하는 경우에는 부득불 법적으로 국회법에 따라서 의사를 진행하고자 하는 것입니다. 다행히 앞으로라도 그분들이 참석을 해 주시면 그 이상 좋은 일이 없지마는, 매우 유감이로되 부득불 이런 경우에는 국회법대로 우리가 준수하지 아니할 수 없다고 생각됩니다.

(오후 0시 57분)

의장 **이효상**

그런데 또 여러분께 미안한 것은 아직 의사일정이 상정되지 못했습니다. 그러므로 지금 1시가 다 되어 가지마는 앞으로 1시간 더 오늘만은 특별히 2시까지 본회의를 연장하고자 하는데, 거기에 대해서 이의가 없습니까?

("없습니다" 하는 이 있음)

이의 없으시면 1시간 더 연장할 것이 가결된 것을 선포합니다. 그리고 의사 일정이 올라올 때까지 또 한 번 더 잠시 정회를 선포합니다.

(오후 0시 58분 회의 중지)
(오후 1시 58분 계속 개의)

의장 **이효상**

다시 속개를 선포합니다. 너무 늦어서 미안합니다. 지금 상황은 운영위원회에서 여야 전원이 구속 동의 요청문제를 토의 중에 있습니다. 그런데 이제 곧 표결에 들어가고자 하는 단계에까지 이르렀습니다.

그러나 그 찰나에 야당 의원이 발언을 신청했기 때문에 발언을 하시는 중에 있습니다. 위원장께서는 표결로 인도하고 있는 중이올시다. 이 표결이 끝나면 아마 의사 일정이 상정이 되리라고 믿습니다.

이제 2시가 다 되었습니다. 어떻습니까? 여러분 앞으로 1시간 더 연장해야만 될 줄 생각하는데, 이의 없습니까?

("없습니다" 하는 이 있음)

앞으로 1시간 더 연장할 것을 선포합니다. 그리고 역시 잠깐 동안 정회를 하지 아니하면 안 되겠습니다. 의사일정이 올라올 때까지 정회할 것을 선포합니다.

(오후 2시 회의 중지)

(오후 2시 43분 계속 개의)

의장 **이효상**

다시 속개를 선언합니다. 보고사항이 갑자기 하나 들어왔습니다. 보고를 올리겠습니다.

의사국장 **권효섭**

보고를 올리겠습니다.

(보고사항은 말미에 기재)

의사일정 변경에 관한 건 ···

(오후 2시 37분)

의장 **이효상**

의사일정 제2항 국회의원(김준연[5] 의원) 구속 동의의 건을 상정하고자 하는 데, 조금 여러분의 동의를 얻어야 될 일이 있습니다. 그것은 김대중 의원 외 25명으로부터 의사일정 변경 동의가 들어왔습니다.

그 주문을 말씀드린다면, 의사일정을 변경하여 일정 제2항 김준연 의원 구속 동의의 건에 우선하여 그보다 더 일찍이 국무위원 법무부 장관 출석요구의 건… 아까 보고된 정명섭[6] 의원 외 44인이 제출한 것을 상정할 것, 이러한 의사일정 변경 동의가 왔습니다.

그 이유를 설명 듣고 여러분이 의사일정을 변경해 줄 것인가, 아닌가 결정하셔야 됩니다. 그런데 제안자 김대중 의원…

("의장! 1시간 더 연장하겠다고 하는 말씀을 들었는데, 2시부터 1시간 연장했

으면 3시에 해야 되지 않습니까? 지금 속개하는 것이 어디 있어요?" 의석에서-

유진산[7] 의원)

3시까지 연장한 것이에요.

("3시까지 하자고 했습니까?" 의석에서 — 유진산 의원)

예. 제안 설명해 주십시오. 김대중 의원…

김대중 의원

의사일정 변경 동의에 대한 취지를 설명하겠습니다.

우리는 오늘 여기서 아마 개원 이래로 가장 불행한 사태에 직
면해 있습니다. 더욱이 저로 말씀드릴 것 같으면 원내 교섭단체의
소속을 같이하고 있는 김준연 의원이 오늘 제3공화국의 제6대
국회가 개원되어서 처음으로 이 '의원체포에 대한 동의 요청'의
대상이 되고 있습니다.

여러분이 아시다시피 국회의원의 체포라는 것은 누구나 인신
구속이, 그것이 막중한 것이 아닌 것이 아니었고, 또한 민주국가
에서 국민이 자신의 자유가 얼마만큼 소중하다 하는 것을 우리
가 새삼스럽게 말씀하지 않더라도 헌법이라든가 민주주의 원리
로서 여러 의원 제위께서도 저보다 더 잘 아실 것입니다.

연설의 정석

더욱이 20만의 국민을 대표하고, 또한 여기 175명의 국회의원 중에서 불과 2, 3명밖에 되지 않는 5선 의원이고, 또한, 그 사람이 과거 일제시대나 지금을 통해서 우리 민족의 독립이나 반공을 위해서 투쟁한 역사를 우리가 다 같이 아는 바입니다.

또한, 대한민국 수립 이후 정부에서 법무부 장관이란 요직을 지냈습니다. 이러한, 우리가 다 같이 높이 평가할 수 있는 그러한 능력과 경험과 연륜을 쌓은 그런 우리의 동료 선배 의원에 대해서 오늘날 정부로부터 이 체포요청이 왔습니다.

그런데 이 구속요청을 받아놓고, 저희들은 이것이 구속을 하는 데 있어서 그 순서가 잘못되었다는 것을 말씀드리지 않을 수 없습니다.

왜 그러냐? 김준연 씨의 사건은 우리가 이미 원의院議로 결정해서, 1억 3,000만 불 일본자금수수설에 대해서 원의로 결정을 해가지고, 말하자면 조사단이 구성되었습니다. 이 조사단이 구성되어 가지고 지금 조사에 착수해서 진행 중에 있고, 여기에 본인이 요청한 증인도 불과 10여 명 중에서 한두 사람밖에 아직 출석이 안 되고 있습니다. 또한, 그 발설에 대상자 된 분도 장차 증인으로 등장하게 될 그러한 처지에 있는 것입니다.

그러면 이러한 국회의 조사가 현재 진행 중에 있고, 아직 그 방향이 판명되지 않았음에도 불구하고 정부가 이와 같이 구속동의요청을 냈다는 것은 국회가 현재 진행중에 있는 이 조사에 대해서 이미 정부로부터 어떤 판결과 심판을 내린 것이란 이러한 인상을 금할 수 없으며, 또한 국회 조사위원회에 나와서 계속적으로 증언을 하고, 증인을 대고, 이렇게 해서 국회의 국정감사 결의권에 의한, 감사권에 의한 이 조사를 누구보다도 많은 관련을 가지고 도와주어야 할 입장에 있는 김준연 의원이 구속되고 보면, 이것은 국회 조사 활동을 전적으로 저지 방해하는 결과밖에 안 되는 것입니다.

이래서 우리는 정부에 법무부 장관[8]을 출석토록 해 가지고, 이렇게 갑자기 구속을 요청하게 된 경위, 이것을 우리가 충분히 알고, 또 여기에 우리가 가지고 있는 가지가지의 의문점을 묻고, 이래 가지고 우리가 김준연 의원의 구속에 대해서 국민 앞에 석연하게 우리들의 태도를 밝히고, 또한 국민도 이것이 납득이 가야 할 것입니다.

따라서 본 의원이 의사일정 변경 동의를 하게 된 것은, 이러한 법무부 장관의 출석을 요청하게 된 데에 대해서, 아까 운영위원회에도 나가서 옆에서 방청을 했습니다마는, 운영위원회에서 야당 위원들이 이것은 순서로 보더라도 법무부 장관이 먼저 나와서, 이것이 비단 김준연 의원뿐만 아니라 우리 국회의 권위와 국회의 앞으로 존폐 또는 대한민국 자체의 민주주의 명맥에도 중대한 관련이 있는 사실인 만큼, 여기서 여야 간에 납득할 수 있도록 석연히 질문을 해 가지고, 그래 가지고 그 질문이 끝난

연설의 정석

연후에 국회의원 구속 동의의 건을 상정시켜서, 그래 가지고 대정부 질의를 하자고 주장한 바를 저도 봤습니다.

또한, 저기 의사일정 제3항으로 올라 있습니다마는, 경향신문 및 유창열 의원 피소사건[9]에 관한 질문, 이것은 여러분이 아시다시피 지난 금요일 이미 의사일정 제7항으로서 올라 있었던 것입니다. 그날 시간 관계로 6항까지만 의사가 진행되고 7항이 연기되었던 것인데 이것은 순서로 보나 관례로 보나 마땅히 오늘 의사일정 제1항으로 상정이 되어야 하는 것입니다.

이것이 국회 운영의 정상적인 룰이 될 것입니다. 그러함에도 불구하고 다수의 힘으로 그것을, 또다시 의사일정을 뒤로 돌리고 이 김준연 의원에 대해서…

("그게 뭐요," "그만두시오" 하는 이 있음)

여러분들이 그렇게 말씀하셔서도, 저는 저대로 여기에 올라와서 의사일정 변경에 대한 취지의 설명이 끝날 때까지는 여러분들이 제 말을 들어주셔야 할 것입니다.

여러분은 다수의 의석으로 우리의 의사를 유린하고, 우리는 소수로써 말이라도 입 벌려 놓고 하자는 것을 그 입마저 여러분이 봉쇄하려면 차라리 우리를 전부 몰아내고 여러분끼리 총회함만 같지 못할 것입니다. 그러니까 그런 식으로 여기서 언권言權을 봉쇄하려고 하더라도…

("집어 쳐요!" 하는 이 있음)

내가 이 자리에서 쫓겨나가는 한이 있다 하더라도 그렇게 내려가지 않을 것입니다.

("길게 해요!" 하는 이 있음)

(장내 소연)

그러니까 여러분이 의사를 능률적으로 진행하려면 내 앞말을 방해 안 하시는 것이 좋을 것입니다. 의사일정 제3항 경향신문 및 유창열 의원 피소사건은 마땅히 이것을 오늘 먼저 상정해 가지고, 이것을 처리한 연후에 다른 문제를 다루어야 할 것입니다.

그럼에도 불구하고, 이것이 또다시 뒤로 밀리고 이래 가지고, 사람 잡아가는 데 그렇게 운영위원회가 급급해 가지고, 국회의 의사일정이 내일도 있는데도 불구하고 미리 상정되었던 안건도 뒤로 돌리고, 또한 이렇게 구속 동의 요청을 내는 데에 대한 많은 의문점이 있으니까 이것을 먼저 물어보고 구속문제를 처리하자는 야당의, 그래도 잡혀가더라도 왜 잡혀가는지 그거나마 이쪽서 알아보고, 죽더라도 왜 죽는지 죽는 이유를 알아보고,

연설의 정석

죽자는 사람에 대해서 이유조차 알아보지 못하게 이렇게 운영위원회에서 봉쇄해 가지고, 의사일정을 돌린다는 것은 부당하기 짝이 없다고 생각하는 것입니다.

내가 알기에는 지난 대통령… 제3공화국 대통령 취임식에 저도 참석을 했습니다. 박 대통령이 그 취임사에서 말씀하기를, 다수의 정당이라 하더라도 평면적인 다수결을 가지고 밀어댈 것이 아니라 소수당인 야당의 의사를 존중해서 국사를 서로 협의해서 해나가야만 되는 것이지, 수만 많다고 평면적으로 다수로 밀어대서는 안 되겠다는 것을 역설한 것을 나도 듣고 여러분도 다 같이 들었습니다.

그러면 어지간한 일이라 하더라도 여야가 서로 협의를 하고 협조를 하는 것인데, 하물며 20만의 선량選良이요, 그래도 대한민국 정계의 중진 한 사람을 잡아가는 데 있어서, 더구나 국회가 현재 그이의 발언을 중심으로 해서 조사를 진행하고 있는 이 마당에, 국회의 조사 활동까지 방해해 가면서 이렇게 운영위원회가 부랴부랴 구속 동의 요청안을 여기에 상정했다는 것은 참으로 이해할 수 없는 것입니다.

본인은 낭산郞山 김준연 의원의 발언 내용에 대해서 솔직하니 말씀드려서 잘 알지를 못합니다. 또 그분의 발언에 대해서 지금 여기서 시비할 생각도 없습니다. 지금은 그런 단계는 아닌 것입니다. 또 그 발언 내용에 대해서 본인이 확신도 가지고 있지 못 동아 1964.3.26.

"對日請求額 一億弗미리받았다"

金俊淵議員 國會本會議서 暴露

三民會의 金俊淵議員(慶尙·慶津)은 26일 國情에관한 質疑를 하였다. 그는 가장정중한 態度로서 지난 20일이와같은 말을들었다 고 전하면서 昨年二月頃 與·野共同調査團을구성하여 一億三千萬弗의 請求權을 이미받았다」고 주

情報소식통으로부터 이문제에대하여 共和黨의 下鍾植의원(山崎·陜川)은 金出範중앙정보部장이 金東河씨는「共和黨의 資金 이라고 말하여 重大 高會議財經委員長 金東河 자고 提起하여 수뇌을

합니다.

다만 본인은 그 이상의 신념으로서 명색이 과거에 10년 동안 정계의 뒤를 따라다녔고, 그래도 민주주의를 위해서 내가 희생할 수 있는 모든 것을 희생해 온 나로서 우리가 이 나라 민주주의가 지금 그 운명이 경각에 달려 있고, 국회의 권위가 땅에 떨어지고, 정부는 학생들을 상대하고 야당은 상대하지 않고, 이런 판국에서도 그래도 이 나라의 민주주의 대의정치의 마지막 운명을 지켜보겠다고 몸부림치는 한 사람으로서, 어색하게도 이것이 같은 소속의 삼민회 의원이기 때문에 제가 편파적으로 표현한 것 같은 입장이 되어서 오히려 마음이 괴롭습니다마는, 설사 이것이 여당 의원이라 하더라도, 나하고 반대당 의원이라 하더라도 이와 같이 한 사람 국회의원의 정치생명을, 신체의 자유를 그렇게 다룰 수 없는 것이다, 이렇게 생각하는 것입니다.

신문을 보니까 밤에 서울대학교의 김중태[10] 군을 구속했다가 도주와 증거인멸의 우려가 없다고 해서 석방한 것을 보았습니다. 그러면 내가 그 학생을 석방한 데 대해서는 우리 야당에서도 주장한 바이고, 저도 이것을 환영하는 바입니다.

그렇다면 그 사람은 도주와 증거인멸의 우려가 없기 때문에 석방을 했고, 여기 김준연 의원으로 말씀할 것 같으면 이 발설 이후 또는 근자 3, 4일을 두고 서울신문을 위시한 각 신문에 매일같이 구속될 것이라 대서특필됨에도 불구하고 한 번도 이 국회를 쉬지 않고, 한 번도 자기의…

본회의 시간 연장에 관한 건

(오후 2시 59분)

의장 **이효상**

잠깐 발언을 중지해 주시기 바랍니다. 지금 시간이 3시입니다. 다시 또 연장을 해야 되겠습니다.

("내일 합시다!" 하는 이 있음)

("그냥 해요!" 하는 이 있음)

("사람 잡아가는 데 그렇게 열심이오? 내일 해요, 내일 해!" 의석에서 - 유진산 의원)

시간을 연장할 것에 대해서 어떤 분은 찬성하시는 것 같고, 어떤 분은 반대를 하시는 것 같은데…

("점심이나 먹고 합시다!" 하는 이 있음)

지금 여러분이 결정해 주셔야 되겠습니다. 앞으로 시간은 지금 의사일정 변경 동의 이것이 처리될 때까지 일단 시간을 연장하고, 그다음에 다시 또 여러분의 의사를 듣겠습니다.

연설의 정석

내 생각 같아서는 의사일정 제2항, 적어도 제2항까지는 오늘 처리가 돼야 여태까지 우리가 다섯 시간이나 기다린 보람이 있을 줄 생각하는데, 그때는 그때 가서 여러분의 의사를 묻겠습니다. 좌우간 지금 의사일정 변경 동의, 이 문제가 처리될 때까지 시간을 연장하는 데 대해서 묻습니다.

(기립 표결)

그러면 나중에 다시 시간을 연장할 필요가 있을 때는 다시 묻기로 하는 조건 하에 지금 상정이 되어 있는 의사일정 변경 동의가 처리될 때까지 시간을 연장하는 데 재석 146명 중 가(可)가 91이요, 부(否)가 없습니다. 가결된 것을 선포합니다.

의사일정 변경에 관한 건(계속) ···

(오후 3시 2분)

의장 **이효상**

발언을 계속해 주십시오.

김대중 의원

(계속) 말씀을 계속하겠습니다.

김준연 의원께서는 여러분이 아시다시피 단 하루도 빠지지 않고 이 문제가 제기된 이후에도 지금 저 의석에 꼬박꼬박 나와 있습니다. 또한, 김준연 의원은 대한민국에서 삼척동자라도 아는 저명한 인사고, 그 용모, 사진 거의 모르는 사람이 없습니다. 도주할 우려도 없고, 도주하더라도 어디 가서 숨을 데도 불행히도 없습니다.

그러면 이분의 그 인격이나 신념으로 보아서 이번 발설에 대한 시비라든가 타당성 여부는 별도로 하더라도, 적어도 본인이 이 단상에서 옛날 로마 시대 시저의 전례를 들어가면서 자기의 심경을 얘기했습니다. 그렇다면 이분이 잡혀가서 옥중의 고혼이 되는 한이 있더라도 도주할 분은 아니고, 또 도주할 수도 없습니다.

사실을 말씀하자면, 아까 몇 사람들이, 혹은 또 그전에도 조사위원 중에서 이것을 원만히 수습하는 방법이 있었으면 좋겠다 해서 본인한테 권유도 해 보았습니다. 그러나 본인은 자기 신변이 구속될 줄 알고 아침에 가사家事를 다 정리하고 이렇게 왔지만, 바로 지금 의사당 밖에 나가면 형무소로 데려갈 차가 대기하고 있는 상태임에도 불구하고, 그러한 비겁한 처신을 하려고 하지를 않습니다.

이런 것을 보더라도 이분이 도주의 우려가 없다는 것은 누구나가 다 알 수 있고, 어제 도주의 우려가 없다고 해서 석방된 서울대학교의 김중태 군 이상으로 도주의 우려가 없다는 것은 여기 모이신 175명 의원 누구나가 다 같이 인정하실 것입니다.

그다음에 이 증거인멸의 문제, 김준연 의원의 말씀은 이미 신문에 보도되었고, 본인의 발표한 유인물로써 관계기관뿐 아니라 언론기관, 우리 같은 의원들도 다 그 유인물을 가지고 있습니다. 또한, 본인은 지금 이 시간까지도 자기가 한 말을 부인한 일이 없습니다.

이것은 국회 조사단의 공식 서류에도 일일이 다 비치되어 있는 것으로 알고 있습니다. 아마 역사상 어떤 범죄를 수사하는 데에 있어서 이 이상 더 완전무결하게 증거가 보존된 예는 별로 많지 않을 것입니다. 증거가 완전무결하게 보존되어 있을 뿐 아니라 본인 자신이 자기의 발설을 일자일구一字一句도 부인하거나 변명하지 않고 있습니다.

그럼에도 불구하고 법무부 장관은, 아까 신문기사를 보니까 이런 말씀을 했다는 취지로 기록이 되어 있는데, '증거인멸의 우려가 있기 때문에 구속하려고 하는 것이다' 이런 말을 했다고 들었습니다.

이런 점에 대해서 아까도 말씀하다시피 우리는 먼저 법무부 장관에 대해서 이렇게 도주의 우려가 없고, 증거인멸이 없는 사람을 어째서 구속하려고 하느냐, 무슨 근거로 증거인멸이 있다는 것이냐, 본인이 발표한 모든 서류가 국회의 공식기관, 국정감사권을 가진 조사단에 보관이 되어 있고, 각 신문에 보도가 되어

연설의 정석

있고, 물론 검찰에서도 다 가지고 있을 것입니다.

그것이 어떻게 둔갑이 되어 가지고 증거인멸이 되는 것인가, 이것에 대해서 우리가 알아보아야 되기 때문에 먼저 법무부 장관이 여기 나와야 한다, 그래서 우리들의 질의에 대해서 십분 답변을 해야 한다, 이런 것이기 때문에 오늘 제가 의사 일정 변경 동의를 하게 된 것입니다.

제가 아까 듣건대, 몇몇 공화당 의원 동지들하고 우리가 이 의원구속문제에 대해서 같이 상의를 하고 걱정을 했습니다. 개별적으로 이 공화당 의원 동지 중에서도, 김준연 의원의 말 자체에 대해서 시비는 차치하고 국회의 권위로서 이러한 구속의 문제 등 불상사에 대해서 침통하게 생각하는 의원이 많이 있는 것을 제가 알았습니다.

또한, 가능하면 이 사태를 어떻게 원만히 수습해 보려고 최근 3, 4일 동안 애쓴 의원 동지들이 여러 분 계신 것도 저는 알았습니다. 이런 점에 있어서 나는 그분들의 인간성이라든가, 혹은 의원 동지애에 대해서도 경의를 표하는 바이지만, 우리 국회의 권위를 위해서 자칫 잘못하면 불행한 말씀이지만, 대한민국의 마지막 국회가 될지도 모르는 그러한 불상사를 막기 위해서 공화당 의원 동지들이 애쓰신 그러한 노고와 애국심에 대해서 감사히 생각하고 있습니다.

그런데 그 말씀 중에, 김준연 의원의 원내 발언은 책責할 수 없지만, 원외 발언 이것은 법적으로 문제가 되는 것이라는 말을 제가 들었습니다. 법의 형식 논리적으로 따지면 김준연 의원이 기자실이라든가, 기타 이 의사당 외에서 발표한 것은, 본회의장 외에서, 분과위원회 외에서 발표한 것은, 그것은 원외 발언에 해당이 될 것입니다.

그러나 제가 알기에는 과거 김준연 의원이 '의장에게 누차 신상 발언 요구를 해도 그것을 잘 얻지 못하기 때문에 추후로 원내 발언할 결심으로… 또 그 후로 원내 발언을 했습니다.' 미리 말했습니다.

그것은 김준연 의원의 심경을 들어보면, 우리도 김준연 의원께서 이것을 말씀하는 과정에 단 한 번도 상의 받아 보지 못하고, 여기서도 지난번에 김 의원이 말씀하시다시피 본인의 책임 하에서 본인 단독으로, 말하자면 국가 민족의 장래를 염려하는 견지에서 말씀했다고 합니다마는, 여하간 김준연 의원은, 잘못 되어 가지고 자기 신변에 어떠한 사태가 있으면 이것을 알리지도 못하고 암장 될 우려가 있다고 해서 본회의의 발언을 얻지 못했기 때문에 이 본회의장 외에서 그런 발표를 했습니다. 그러나 그것은 그 이후 다 같이 원내 발언을 통해서 다 말씀하게 되었습니다.

그렇다면, 원외에서의 발언이라 하는 것은, 형식으로는 이것이 원외 발언이고, 법의 형식 논리적으로는 원외 발언이지만, 그 경위와 과정을 모두 살펴볼 때 어디까지나 원내 발언에 대한 보완적 조치이지, 이것이 독단적으로 원외에서 방언放言하고 다니고, 무책임한 말을 하고 다니고, 이런 것은 아닌 것입니다.

그러면, 우리는 원내 발언에 대해서 한계 없이 면책특권을 주고 있습니다. 어떤 소리를 하더라도 책임을 추궁하지 않게 되어 있습니다. 이것은 물론 어떤 소리를 해도 좋다, 하는 정치도의 문제와는 별도입니다.

그러나 어떤 소리를 하더라도 법적으로 추궁하지 않는다는 이것은, 국민이 신임하고 투표한 일국의 대의사代議士가 국정에 대해서 소신껏 말을 하지 못하면 민주주의는 존재할 수 없고 민주주의 정치는 운영될 수 없다는, 보다 높은 차원에서 그러한 한계 없는 무한적인 특권을 주고 있는 것입니다.

그러면 김준연 의원이 여기서 말씀한 것은 다 원내 발언으로서 말한 그것을, 혹은 순서를 선후先後해서 원외에서 보완 혹은 재론했을 뿐이지, 김준연 의원이 말씀한 것은 이것은 어디까지나 원내 발언으로서 취급하는 것이 그 정신으로 보나 경위로 보나 마땅할 것이라고 생각하는 것입니다.

제가 말씀하고자 하는 것은, 나는 여러 의원 여러분께서도 그러신 분들이 많이 계시지만, 선거를 네 차례, 다섯 차례 해서 이 의사당에 들어왔습니다. 의사당에 들어오려고 10년의 세월이 걸렸습니다. 여러분들 중에 기억하시는 분이 계시겠지만, 5·16 전 5월 14일에 당선되었지만 5월 16일에 혁명이 되어 가지고 의사당 안에 들어오지도 못했습니다.

내가 10년 동안 갖은 고초와 재산과 모든 희생을 치르고 이 국회의사당에 들어오려고 한 것은 그만큼 이 의사당을 나는 숭고하게 생각하고, 존귀하게 생각하고, 민주주의의 상징이요, 민주주의의 생명체에 대한 동경심에서 저는 10년의 청춘과 재산과 모든 희생을 바쳤습니다.

그렇기 때문에 저는 이 의사당에 대해서 여러 의원 어느 분 못지않게 숭엄崇嚴한 생각을 가지고 있고, 이 국회에 대해서 내 생명 이상으로 이 국회의 권위를 아끼고 소중하다는 생각을 가지고 있습니다.

그렇기 때문에 지난번에도 일부 의원들한테 오해까지 받았습니다마는, 내가 윤보선 의원이나 김종필 의원을 국회에 나오십사 한 것도 나보다도 더 많은 연세로 보나 대선배인 윤보선 의원이나 혹은 김종필 의원 같은 분에 대해서 어떤 사적인 생각이 있어 그런 것이 아니라, 나는 그분들을 아끼는 심경보다도 이 의사당을 아끼는, 국회를 아끼는 심경이 더욱 절실하기 때문에 그런 말을 감히 했습니다.

여러분이 아시다시피 우리 6대 국회는 개원되어서 4개월밖에 안 되었습니다. 국회는 거의 공전 되어 왔습니다. 다만 6대 국회가 뚜렷이 한 일은, 이미 김준연 의원까지 합쳐서 야당 의원 셋을 손대기 시작했습니다.

윤보선 의원이 지금 징계에 회부 되어 있습니다.[11] 저 유창렬 의원이 기소가 되어 있습니다. 김준연 의원이 여기에 구속 동의 요청을 받고 있습니다. 아마 이러다가는 1년 안 가서 65명 야당 의원 성한 사람 하나도 남지 않을 것 같습니다.

내가 여당에 계신 선배 의원 동지 여러분께 말씀하고자 하는 것은, 나는 과거 민주당을 했고, 그 여당 하에서 선전부장을 했습니다. 그 당시 내가 이 의사당에 와서 증언도 했습니다마는, 우리가 공민권 제한이라든가 소급법을 만들었습니다. 저는 그때 그것을 그렇게 나쁘다고 생각 안 했습니다.

부끄러운 말이지만… 저는 우리 민주당이 그렇게 8, 9개월에 쓰러질 줄은 꿈에도 생각 안 했습니다. 그러나 5·16을 당하고 정정법政治淨化法에 묶여보고 이래 놓으니까, 정말로 과거에 우리한테 당하던 자유당 계통의 그 분들의 심정을 알 수가 있었습니다.

나는 과거 민주당이 해 온 일에 대해서 물론 일일이 비판하면 잘못된 점이 많습니다마는, 내 10년 동안 민주당 생활 해 온 것을 부끄럽게 생각한 일이 없습니다. 다만 다른 민주당 분들은 모르지만, 내 개인으로서는 공민권 제한이라든가 소급법 한 것은 지금도 부끄럽게 생각하고, 그것을 돌이켜서 취소할 수 있으면 취소하고 싶은 심경입니다.

8개월, 9개월도 못 되어서 세상이 넘어지고 우리가 자유당 사람들 처치했던 그 수법으로 우리가 다시 당해 보았습니다. 내가 공화당 여러분께 이런 말씀을 하는 것은 여러 의원께서 그런 운명으로 들어간다는 그런 불길한 말씀을 하는 것이 아니라, 이러한 저 같은 사람의 전례에 비추어서라도 여러분께서는 우리가 나중에 후회될 일, 의정 사상 오점을 남길 일은 안 해야 되겠습니다.

내가 물론 여러분께 지극히 미안하게 생각하고 있습니다, 지금… 내가 의사 일정 변경 동의에 대한 제안 설명을 하러 올라와서 이 제안 설명이 이렇게 길어진 것을 나도 하고 싶어서 하는 것은 아닙니다.

그러나 나는 이렇게 하는 심경이 결코 여기에 앉아 계신 174명의 선배 동료 의원 여러분들을 내가 무시하거나, 여러분을 내가 조롱하거나, 여러분들을 내가 깔보기 위해서 내가 이렇게 하는 것이 아니라, 여러분들을 포함한 이 6대 국회의 권위와 운명과 앞으로의 역사를 위해서 제가 이러한 괴로운 말을 하고 있습니다.

내가 아까 공화당 의원 동지하고도 말했습니다마는, 행정부하고 국회하고의 입장은 다릅니다. 행정부는 행정부로서의 입장이 있고, 아무리 같은 당이라고 하더라도 국회는 국회의 입장이 있습니다. 행정부로서는 저기에 앉아 계신 법무부 장관의 입장으로서는…

김준연 의원께서 그런 말씀을 했습니다. 증인으로 된 장택상[12]씨께서 이것을 부인했습니다. 우리가 얻은 심증으로서는 김준연

연설의 정석

의원께서 아까도 재삼 설명한 바로 얻은 심중으로도 장택상 씨께서 적어도 김준연 의원이 그런 심중을 갖도록 말한 것은 틀림이 없는 것 같습니다.

본인이 초안한… 장택상 씨께서 초안한 '개문영적開門迎敵 하려는 도당들아, 들으라!' 이렇게 시작된 이 문장을 아까 읽어 보았습니다. 문을 열어서 적을 받아들이려고 하는 도당들아! 무리들아! 아마 공화당 정부를 지칭한 것이겠죠? 들으라 이래 가지고, 그 안의 말인데 1억 기천만 불 얘기도 들어 있습니다. 그분이 기초한 것입니다.

또한, 김준연 의원께서 이것을 신문에 터뜨리고 (창랑 장택상에게) 전화를 하니까 "정말로 잘했다. 당신(김준연)의 오늘 성명은 박정희 대통령에 대한 사형선고와 마찬가지다." 그래서 김준연 의원이 전화로 다시 말하기를, "이것이 다 창랑滄浪이 나한테 가르쳐준 덕이 아니냐?" 그랬더니, "아니다. 낭산이나 나나 다 고하古下[13] 선생의 지도를 받았기 때문에 우리가 이러한 살신성인하고 국가를 위한 일을 할 수가 있는 것이다." 이런 말을 했다는 것입니다.

물론 그분이 지금 국회에 나와서 모든 것을 부인하고 있으니까, 나는 그 문제에 대해서는 시비를 안 하겠습니다.

다만 여하 간에 이렇게 증거가 뚜렷이 아직까지는 안 나오니 법무부 장관의 입장으로서는 주위환경이라든가 모든 입장에서, 혹은 이대로 놓아두면 국민이 무슨 소리를 해도 괜찮다는 선례를 남기지 않겠느냐, 이러한 기우에서 구속 동의를 내리고, 그러한 입장을 정부가 취했다고 나는 봅니다.

또는 법무부 장관 입장으로는 대통령에 대해서, 일국의 국가원수에 대해서 그런 내용이 언급되어 있고, 또 그분을 외환죄外患罪로까지 고발했으니 그 밑에 있는 법무부 장관으로서는 이러한 구속 동의를 내는 그런 입장에 들어갔다고도 봅니다.

그러나 우리 국회는 입장이 다른 것입니다. 우리 국회는… 행정부는 행정부의 처지로서 행정부의 권위와, 또 국가의 안전을 위해서 그러한 동의를 냈다고… 냄으로써 행정부는 그만한 정치적인 효과, 국민에 대한 정부의 결의 이것을 표시한 것입니다. 구속되고 안 되고 이런 문제는 행정부로서는 제2차적인 것입니다.

그러나 이것을 받아놓은 우리 국회의 입장은 행정부하고는 다른 것입니다. 우리가 한 사람 국회의원에 대해서, 그 발언 내용에 대해서는 다 같이 견해가 다르겠지요. 여당 여러분뿐 아니라 야당 중에서도 견해가 다른 분이 있을 수도 있을 것입니다.

우리 175명 누구나가 다 똑같이 생각하지 않을 수 없는 것은 아까도 누언屢言하다시피 우리 국회의 권위입니다. 국회의원을 함부로 구속해도 좋다는… 헌법과 형법에 명백히 규정되어 있는 도주와 증거인멸의 우려가 없는 사람은 구속하지 않는 것이란 이런 원칙을… 더욱이 20만 선량에 대해서 예외적으로 적용 안 해가지고… 이래 가지고 우리가 구속 동의 요청에 대해서 동의를 한다, 이런 태도로 나간다고 할 것 같으면, 우리는 우리 스스로 비록 육체적 몸은 김준연 의원 혼자가 형무소에 들어갈는지 모르지만, 우리 175명 스스로가 우리의 묘혈을 파는 것이고, 우리 스스로가 우리 자신을 형무소에다가 가두는 것과 마찬가지의 그러한 과오를 범하는 것이다, 본 의원은 이렇게 생각합니다.

나는 이러한 견지에서 행정부가 냈다고 하더라도, 우리 국회는 국회로서 취할 태도가 따로 있는 것이다, 물론 여당은 정부의 시책과 정책에 대해서는 협조를 한다고 하더라도 행정부와 별도로 국회의 권위를 수호해야 할 때는 삼권분립의 원칙 하에서 독립되어 있는 입장에 있는 우리 국회는 우리의 권위를 지키는 것이 보다 고차적인 의미에서 대한민국의 안전보장을 위한 길이요, 보다 높은 의미에서 이 나라 민주주의와 제3공화국, 더 구체적으로 말하면 박정희 정권의 공화당 정부의 안정을 위한 길이다, 나는 이렇게 생각하는 것입니다.

지금 까딱하면 데모대가 와서 의사당 앞에서 '의장 나오너라' '누구 나오너라' 이렇게 하고 있습니다. 데모대가 엊그저께도 청와대에 가서 밀고 들어가려고 했습니다. 또 학생들이 가서 국가기밀문서까지 보았습니다. 엊그저께 이 앞에까지 와서 입에 담지 못할 명사를 붙여가면서 김종필[14] 의원을 제명하라고 요청을 했습니다.

여러분! 그렇다면 우리가 그러한… 이 국회가 그러한 외세의

압력에 굴복해서 우리가 의원을 제명할 수 있습니까? 나는 야당이지만 이것은 못 하는 거라고 생각합니다. 우리 같은 야당 중에서도 그런 것은 못 하는 거라고 생각하고 있습니다.

우리는 이 방내房內에서는 여야가 불에 불을 뿜는 토론을 하고 대결한다고 하더라도, 이 6대 국회의 권위와 6대 국회의 안정성, 따라서는 대한민국의 생명을 지키는 데 있어서는 우리 175명은 다 같이 똑같은 공동운명 상에 있고, 똑같은 의무가 있는 것입니다.

이렇게 국회가 의원들의 신병… 의원들의 자유를 소홀히 취급하고, 그렇게 안 하더라도 능히 할 방법이 있음에도 불구하고 굳이 사람을 잡아 가두는 이런 문제에 우리가 협력하기 시작한다고 할 것 같으면 이것이 어떻게 되겠습니까?

앞으로 여야 간에 더한층 증오감과 격돌과 정쟁의 씨만 격화되고, 이렇게 해서 외세가 와서 이제는 공화당의 어느 의원을 어떻게 하라고 강요할 때 만에 일이라도 야당 의원 중에 여기에 동조하는 사람이 없다고 어떻게 보장하겠습니까? 그럴 때에 여러분이 '너희들 그것이 부당하지 않느냐? 어떻게 국회의원에게 그런 짓을 할 수 있느냐?' 할 때 야당 사람들이 '너희는 어째서 김준연 씨 잡아넣었느냐?' 이러고 말할 때 이 국회의 운명이 어떻게 되겠습니까?

우리 정치인은 오늘의 현실을 다루는 동시에 내일을 내다보는 사람들입니다. 내가 선배 의원 여러분들에 대해서 이와 같은설교 조의 말을 한 것은, 대단히 죄송하지만 내 안중에는 지금 솔직한 마음이 저기에 앉아 계시는 낭산 김준연 의원이 없습니다.

내 안중에는 오로지 대한민국 국회의 운명과 우리들 175명의 운명이 다 같이 있습니다. 저는 솔직한 말씀이지, 누구나 마찬가지지만 이런 나라에서, 이 국토가 양단되고 정변이 계속되고, 이렇게 혼란이 극한 나라에서 우리가 정치 활동을 하면서 어떻게 와석종신臥席終身할 수 있는 생각을 갖겠습니까? 우리들이 이 대한민국 국회의원 된 죄로 이 국운이 부지扶支 못할 때 어떠한 운명으로 돌아갈 것이라고 하는 것은 여러분 누구나 다 아실 것입니다.

내가 저번에 무슨 말을 좀 했다고 해서 일부 신문에 마치 이 사람을 무슨 야당으로서 좀 이상한 사람같이 보도한 일이 있었습니다. 내가 그 보도한 분들한테 얘기를 했습니다.

> "과거의 군정 하에서 최고회의 문 닫아놓고 총칼 들고 서릿발 같은 독재를 할 때에 나같이 과감하게 싸운 사람이 있으면 열 손가락 꼽지 못할 것이라고 나는 자부한다. 그러나 이제 우리가 의사당에 모인 만큼 여기에서 나는 노력한 것이 공화당을 위해서도 아니고, 박정희 정권을 위해서도 아니고, 내가 6·25 때에 공산당한테 잡혀가서 죽으려다가 살았는데 만일 불행히 다시 그런 사태가 있다고 하더라도 내가 내 자신에 자문자답해서… 나 천주교를

믿는 사람입니다. '천주님이시여, 나는 내 할 일을 다 했습니다' 하고 죽기 위해서 몸부림쳐 보는 거다. 내가 하는 일이 옳은지 그른지는 별도 문제다."

내가 이런 말을 했습니다. 나는 의원 동지 여러분께 내가 말씀하고자 하는 것은 물론 당의 방침이 정해져 있는 것도 알고 있습니다. 개인적으로는 대단히 괴롭게 생각하지만, 당의 방침에 순종할 수밖에 없다고 하는 것도 알고 있습니다.

그러나 나는 이렇게도 생각해 보았습니다. '정부가 어째서 내일이면 이 41회 국회가 끝나는데, 내일 끝나면 모레부터는 국회에 와서 이렇게, 이렇게 애 안 먹더라도 어디에서나, 언제나 24시간 중에 고르고 싶은 대로 골라서 잡아갈 수 있는데, 하필이면 안건이 산적해 있는 이 국회에다가 이것을 내놓고 법무부 장관이 저렇게 아침부터 와서 기다리는가' 이런 것을 생각해 보았습니다.

이 점에 대해서 두 가지로 생각이 되었습니다. 하나는 국회가 폐회된 이후에 국회 야당의 방해 없이 살짝 잡아냈다, 그러한 비겁하다는 말을 듣지 않기 위해서 정정당당하니 국회에다가 내놓고 원의院議에다 부쳐서 잡아가려고 하는 것이다, 더욱이 개인도 아니고 국회의원이기 때문에, 그래도 국민의 대표자의 의사를 물어서 잡아가는 것이 민주주의 정치의 상도이기 때문에 그렇게 하려고 하는 것이다, 이렇게 하는 것으로 들었습니다. 그것은 또 대단히 우리가 볼 때에 그럴듯한 생각이라고 우리가 생각합니다.

그러나 또 하나 이렇게도 생각해 보았습니다. 또 이렇게 생각해 본 것이 아니라, 내가 정부나 여당의 의도를 촌탁忖度만 한 것이 아니라 이렇게 생각하는 것이 좋겠다고도 생각해 보았습니다.

그것은 무엇이냐? 정부의 입장으로서는 정부의 입장과 체면이 있으니 (구속동의안을) 낸다, 그러나 국회는 국회의 입장이 있으니 국회가 처리하는 것은… 말하자면 처리를 국회의 독자적 입장에서 한다고 하더라도 정부로서는 정부의 체면도 서는 것이고, 그것으로 정부가 국민 앞에서 거두려고 하는 정부의 권위라고 할까요? 법의 질서라고 할까요? 이런 데에 대한 소득은 얻는 것이다. 이러한 생각에서 정부가 불과 이틀밖에 안 남아, 이틀만 기다리면 되는 것을 이렇게 내지 않았나, 이렇게도 생각해 보았습니다.

또한, 정부 의도 여하를 막론하고 아까도 말씀했지만, 우리는 이 문제를 그렇게 생각하는 것이 우리 국회로서 옳은 자세가 아니냐, 이렇게 본 의원은 생각을 했습니다.

나는 이런 문제에 대해서 우리가 이 국회로서, 아까도 말했지만, 정부의 진의 이런 것을 알아봐야 한다, 이런 의미에서 의원 동지 여러분께서 지금 장시간을 기다렸음에도 불구하고 제가 여기에 올라와서 이렇게 중언부언 말씀을 계속하고 있는 것입니다.

지금 우리 175명 의원이 다 아시다시피 어제도 데모가 있었습

니다. 또 오늘 신문을 보니까 내무부 장관은 국방부까지 합쳐서 회의를 장시간 해가지고, 이래 가지고 앞으로는 법에 의하지 않은 데모에 대해서는 단호히 조치를 하겠다, 만일 이러한 무질서한 데모가 계속된다고 할 것 같으면 오열이 준동할 우려가 많다고, 이런 것을 경고한 것을 보았습니다.

우리가 여야는 다 같이 다르지만, 이 나라 정국의 안정, 더욱이나 공산 오열에 대해서 어떠한 망동을 할 기회를 주어서 안된다는 것은 여러분이나 저나 다 마찬가지입니다.

내가 이런 말씀을 해서 실례될는지 모르지만, 공화당 정부는 가장 강력한 대통령 권한 하의… 과거 이승만 씨보다 더 강한 대통령 권한을 가지고 있는 정부입니다. 원내에서는 거의 3분지 2 의석을 가지고 있습니다. 그러나 우리 주위의 모든 현실을 살펴볼 때 현재 공화당 정부가 처해 있는 입장은 과거의 어느 정권보다도 가장 약한 입장에 처해 있다고 나는 보고 있습니다.

나는 솔직하게 말씀해서 과거 민주당 정권이 8개월에 넘어졌지만, 그 민주당 정권보다도 더 약하다고 보고 있습니다. 우리는 불과 9개월 동안에 데모가 1천 3백 몇 번, 하루에 평균 다섯 번 데모를 당했습니다. 그랬어도 우리는 데모 때문에 이렇게까지 당황하지는 않았습니다. 학생들이 자동차의 가假 넘버판을 뜯어 가지고 중앙청에 왔을 때 내 눈으로 보았습니다.

국무총리 면회 요청을 하니까, 국무총리를 면회시켜주기는 고사하고, 정일형 의원 서랑^{壻郎} 되신 김홍한 씨, 당시 총리비서실장인데 학생들을 불러다 놓고 "그따위 짓을 하는 것이 학생들이냐? 그것이 4월 혁명의 정신이냐?"고 마구 질책을 하는 것을 나는 보았습니다.

그러나 현 정부는 학생들이 데모를 좀 하고 이러하니까, 야당 사람은 만나자고 해도 야당은 만나 주지 않고, 학생들은 데려다가 한일회담 브리핑을 하고 국가 비밀문서도 보여 주고 이렇게 하지 않으면 안 될 처지란 것은, 대단히 유감 된 일이지만 이 정부가 현재 서 있는 바탕이 퍽 그 표면상의 법률적인 내지는 숫자적인 강세와는 반대로 약한 입장에 서 있다고 보고 있습니다.

또한, 그렇기 때문에 우리 야당 의원 중에서는 어떻게 하든지 공화당을 위해서가 아니라, 박정희 정권을 위해서가 아니라, 그래도 실오라기만치 남아 있는 이 나라의 민주주의의 명맥을 어떻게 하든지 유지시키기 위해서는 이것을 보강해서, 다시 민주주의 기반을 튼튼히 지키기 위해서라도 정국을 안정시키는 방향으로, 여야가 협조하는 방향으로 이렇게 나가 봐야겠다고 생각하는 사람들이 상당히 있는 것입니다.

그러면 내가 볼 때에 공화당 분들이 오늘 여기서 김준연 의원을 수^數의 위력으로써 구속시키는 것은 간단할 것입니다. 더구나 이것은 내가 아는 규칙으로 보면 재적 과반수도 아니요, 재석 과반수로 하는 것인 만큼 지극히 간단할 것입니다.

그러나 공화당이 낭산 김준연 의원을 구속하는 걸로 모든 정치의 결산을 짓고, 앞으로 우리가 의사당에 다시 나타나지 않고, 이 나라에 정당정치가 없어지고, 이런 식으로 나가려면 모르겠습니다.

그러나 내가 여러분들한테 이렇게 말씀하는 것은 무슨 협박적인 말씀이 아니라 사리대로 생각해서, 여러분들은 집권한 입장에 있습니다. 우리도 집권도 해 보았지만, 집권당은 수세에 들어가는 것입니다.

또한, 한일문제를 위시해서 수많은 여당과 서로 그래도 협조를 해야 하고, 또 싸우더라도 어느 여유를 놓고 싸워야 할 일들을 우리는 많이 가지고 있습니다.

지난번에 윤보선 의원을 징계에 회부할 때 많은 사람이 "그러한 일은 해서는 안 될 것이다. 그러한 극한적인 조치를 취한 것은 결코 앞으로 유리하지 못하고, 여야 협조에도 도움이 되지 않을 것이고, 공화당 자신을 위해서도 그것은 자승자박하는 결과가 될 것"이라고 했습니다. 그러나 듣지 않고 여러분들은 징계에 회부했습니다.

지난번에 이 김준연 의원… 조사단 구성할 때도 본 의원도 나와서 말했습니다마는 우리가 여야 동수로 하자고 누누이 말했으나 여러분은 듣지 않았습니다. 또한, 여러분이 아시다시피 지금 국유재산 불하 문제를 위시해서 과거 군정시대에 여기에 앉으신 대부분이 들도 보도 못한 일, 먹은 사람의 입조차 보지 못한 일들을 가지고 지금 매일같이 신문에 대서 특보 되어서, 공화당 의원 여러분들이 지금 한 그물에 싸인 고기로서 괴로움을 받고 있는 것을 나는 알고 있고, 그 호소를 듣고 있습니다.

그러면 그 당시 제가 국회에 들어오자마자 작년 12월에 국정감사 결의안을 냈고, 그 후로 여기서 제안 설명을 할 때에 이런 말씀을 했습니다.

"언제까지나 우리는 과거의 4대 의혹사건이나 무슨 부정이다, 뭘 해 먹었다, 도적놈이다, 나쁘다 이런 소리… 뒤만 돌아다보고 있어서는 안 되겠소. 그렇다고 군정 2년 7개월 동안 무국회 상태로 있었던 것을 우리가 그래도 국민에 대한 대변자의 의무상, 국정을 맡은 사람의 책임상 넘길 수도 없는 것이 아니냐? 그러니 우리는 이 국정감사로서 과거에 대한 총정리, 총결산을 짓자, 이래가지고 이 국정감사가 끝나면 알았거나 몰랐거나 여하튼 군정시대의 일을 두 번 다시 논의 안 하기로 하자."

이것은 우리 야당보다도 오히려 여당 여러분을 위해서 유리할 것입니다.

"언제 되거나 예산안을 내는 것이고, 언제 당하거나 국정감사는

연설의 정석

당하는 것이니 더욱이 여러분들은 과거 군정시대의 일을 아는 사람이 거의 없고, 또 알더라도 일부밖에 모르지 않느냐? 무엇 때문에 과거 일 가지고 자꾸 뒤집어써 가지고 공화당이 그 화중火中에 들어가서 거기에서 헤어나지 못하고 고생할 것이 무엇이 있느냐? 그러니 우리는 이렇게 하지 말고 과거에 대해서 일단 청산합시다.”

본 의원이 그렇게 여러분에 대해서 간곡히 제안한 일이 있습니다. 그러나 그 당시 본 의원의 의견은 여러분에 의해서 채택되지 않았습니다.

요새 사직공원 사건[15]이다, 혹은 무슨 사건이다, 연속해서 국공유 재산 부정 불하 사건이 터져 나오니, 내가 몇몇 의원들을 만나서 그때 얘기를 상기시켰습니다.

그분들이 저한테 말하기를 그렇게 그때 해 버릴 것인데 안 해 버리고, 지금 너무도 이렇게 억울하게 알지도 못하는 일 가지고 고통을 당한다고 말한 일을 들었습니다. 우둔한 사람은 과거를 돌아보고, 평범한 사람은 현재에 집착하고, 현명한 사람은 앞을 내다본다고 그랬습니다. 우리가 적어도 이제 4, 5개월 동안에 그래도 여러 가지 격동을 통해서 많은 경험을 쌓았습니다.

이제 여러분께서 앞으로 수다한 국사를 가지고 야당과 협의를 해야 하고, 또한 국민으로부터 협조를 받아야 할 것입니다.

그렇다면 오늘 여기에서 해도 그만, 안 해도 그만, 김준연 의원으로 말할 것 같으면 여기서 구속을 안 하더라도, 내가 그렇게 바라는 것은 아니지만, 모레가 되면 정부가 알아서 할 일입니다. 또 구속을 안 하고 불구속으로 계속하더라도 재판 결과 유죄가 되면 그것은 행정부하고 관계없이 사법부의 결정에 의해서 신병이 구속되는 것입니다.

그러면 오늘 우리가 김준연 의원을 구속이 안 되도록 한다는 것이 김준연 의원을 무죄로 해 준다는 것도 아니요, 김준연 의원이 지금까지 말한 것을 확인해 준다는 것도 아니요, 더 심하게 말하면 행정부가 모레 이후에 구속할 권한을 우리가 박탈할 수도 없고, 박탈하는 것도 아닙니다.

그럼에도 불구하고, 지금 학생들이 데모를 하고 있고, 국사가 다난하고, 한일회담을 하다가 중단하고, 농촌에서는 지금 농민들이 못산다고 아우성치고, 거리에는 실업자가 들끓고 있고, 그래도 한 가닥 실오라기 만한 희망을 가지고 국회를 바라보고 있는 이 때에 굳이 그런 일 다 제쳐 놓고 우리가 같은 동료인 의원을 여기서 묶어서 쇠고랑을 채워 의사당에서 서대문으로 가는 것을 보아야만, 그것이 국회의 권위가 서고, 그것이 우리의 동료의 의리가 서고, 그것이 여러분과 우리, 여당과 야당 사이에 여야 협조의 길을 트는 것인가? 이 점에 대해서 존경하는 공화당 의원 여러분께서 심심이 생각해 주시기를 바랍니다.

연설의 정석

내가 아까도 말씀했지만, 여러분들 이렇게 지금 4시가 다 되어 갑니다. 이 자리에 오래 앉게 해서 저같이 변변치 못한 사람의…이렇게 말을 계속 듣도록 하고, 국민의 고귀한 표에 의해서 당선되신 의원 여러분을 이 사람이 이렇게 장시간 말씀을 계속하게 된 이것은 진실로 말해서 변명 같습니다마는, 본 의원의 본의는 아닙니다. 그러나 나는 이것이 아까도 말했지만, 국회를 위한 길이고, 의원 동지 여러분을 위한 길이라고 생각했기 때문에 이런 괴로운 말씀을 드리고 있습니다.

따라서 만일 아까 말씀과 같이 능히 구속을 안 하더라도 재판의 결과는 벌주게 되면 벌주고, 구속하더라도 벌 안 주게 되면 안 주는 것이고, 사법부는 공정한 심판을 할 것이고, 또한 오늘 우리가 동의를 안 하더라도 행정부가 기어이 구속하겠다면 내일 저녁 밤 12시 시계 소리 지나고 나면 행정부는 마음대로 할 수 있는 것이고, 그러면 우리 국회의 권위도 세우고 여당의 야당에 대한 아량과 체면도 서고, 의원 동지들 간의 의리와 정의情宜도 서고, 모든 만사가 하등의, 여러분이 어떠한 이 사건을 가지고 목적이 있다고 하더라도…

예를 들어 말하면 김 의원을 기어이 구속을 해야 쓰겠다, 예를 들어 말하면 김 의원을 기어이 실형에 처해야 되겠다, 이런 의도가 있다고 할 때에, 물론 다 있는 것이 아니고 또 일부분뿐이 있다고 하더라도 그 일부분이 그분들의 목적도 다 충족시킬 수 있고, 동시에 우리 여야가 이렇게 서로 원수지지 않고, 여야가 서로 웃는 낯으로 해결할 방법이 있음에도 불구하고 어찌해서 굳이 우리가 이렇게 잡아넣어야 하는가, 우리 손으로 묶어주어야 하는가, 이것을 저는 알 수가 없습니다.

만일 우리가 이런 식으로 의원의 신분을 취급하고, 이런 식으로 우리가 국회의원을 취급한다고 할 것 같으면 옛날 진나라의 '조고趙高의 고사'[16]도 있습니다마는, 여하튼 우리 국회는 앞으로 스스로 우리가 지극히 불행한 전례를 남겨가지고, 이 헌정에 크게 오점을 찍는 것이라고 생각합니다.

내가 아까 민정당과 삼민회의 의원총회를 연 자리에 출석을 했습니다. 저기 앉아 계신 유진산 의원께서 발언할 때 이런 말씀을 했습니다.

"이제는 이미 단계가 낭산 김준연 의원의 발언 내용이 문제가 아니다. 나는 그 발언 내용이 옳다든가, 그 발언이 틀림없다든가, 이렇게 말한 것도 아니다. 그의 발언을 어떻게 조사해야 한다, 이런 것도 문제가 아니다. 다만 이 문제는 낭산이라는, 김준연 의원이라는 국회의원, 여당도 아니고 야당도 아니고 대한민국의 국회의원 한 사람을 통해서, 그 신분의 취급을 통해서 이 나라의 이 위기에 처해 있는 민주주의를 우리 국회의원 손으로 적어도 이것을 교살하지 않고, 적어도 이것을 스스로 자살시키지 않고 지켜내느냐,

연설의 정석

못 지켜내느냐 이 문제로 들어가는 것이지, 이제는 한 사람 김준연 의원 신병이라든가, 더군다나 김준연 의원 발설 내용의 타당성, 진가眞假, 이것은 문제가 되지 않는다.”

하는 얘기를 말씀하는 것을 들었습니다. 아마 유진산 의원의 이러한 논지에 대해서, 주장에 대해서는 본인의 소견으로서는 누구나 그것을 부좀타 할 수는 없을 것이라고 본 의원은 생각을 합니다.

방법과 내용은 우리가 다르겠지만, 여하튼 우리는 앞으로 여야가 합심해서 국정을 운영 안 할 수 없습니다.

민주주의라는 것은 여러분이, 선배들이 잘 아시지만, ‘나도 애국자지만 너도 애국자다. 나도 양심을 가지고 있는 거와 마찬가지로 너도 똑같은 양심을 가지고 있다. 다만 그 애국하는 방법, 그 양심을 표시하는 방법의 차이가 있을 뿐이지 우리가 나라를 아끼고 바른 일을 하겠다는 양심에 있어서는 차이가 있을 수 없다.’ 이러한 상대방에 대한 믿음과 신뢰 없이는 되어 지지 않는 것입니다.

그러면 물론 이번 1억 3천만 불 사건을 위시한 김준연 의원의 발설로 인해서, 다른 허다한 기타 의혹사건과 마찬가지로 공화당 의원 여러분께서 그동안 여당의 입장에서 고충이 있었을 것으로 알고 있습니다.

그러나 우리가 김준연 의원의 과거 일제 시대에 수 없는 옥고를 겪으면서도 변절하지 않고, 대한민국 누구나가 다 부러워할 만한 찬란한 학벌을 가지고 있고, 능력을 가지고 있으면서도 일제에 아부하고 투항하지 않고, 이 나라 민족의 명맥을 위해서 민족혼을 살리기 위해서 싸워 온 그 역사를 우리는 알고 있습니다.

이분은 여러분이 아시다시피 심지어 ML당이라는 맑스 레닌주의 정당까지 만들어 가지고 공산당 당수까지 했지만, 해방과 더불어 공산주의의 반민주성을 누구보다도 철두철미하게 규탄하고, 누구보다도 철저한 반공산주의자로서 대한민국을 수립하는 데에 있어서, 그래도 지난번에도 신문에 났습니다마는 주석지신柱石之臣, 문자 그대로 기둥과 주춧돌이 되는 이 나라 건국의 원로급의 한 분인 것은 아무도 부인할 수 없습니다.

저는 김준연 의원과 같이 정당도 해 보았고, 그분을 모시고 정당도 해 보았고, 또한 그분과 정치적 견해가 달라서 정당이 갈라진 일도 있습니다.

그러나 누구나 김준연 의원의 과거 일제시대의 애국적 행적, 해방 이후 반공 투사로서의 경력과 이 나라 건국에 이바지한 공훈, 또한 우리 국회에서 수 적은 최고당선의원, 이러한 그분의 혁혁한 역사에 대해서는 우리가 부인할 수 없는 것입니다.

누구나 자기의 경력과 족보를 팔아먹는 것이 아닙니다. 그러나 안정된 나라, 그래도 싹수가 있는 나라, 뭔가 미래가 있는 나라가 역사와 전통을 존중한다는 것은 우리가 영국의 선례를 보더라도 다 아는 것입니다.

가령, 아직 조사가 안 끝났으니까 진가眞假는 말할 수 없지만, 김준연 의원이 이번에 설사 실수를 했다고 가정을 합시다. 그러더라도 우리가 그분의 과거 일제시대의 경력을 보나, 해방 후의 경력으로 보나, 또한 우리 국회의원으로서 대 선배적인 역사로 보나, 이것을 그렇게 아직 국회로서, 우리로서 조사도 끝나기 전에 구속에 동의한다? 더구나 이것을 이번 여기에 상정시킨다? 이러한 것은 우리 국회의 권위로도 나는 못 할 일이라고 생각합니다.

행정부는 행정부의 소신으로 수사결과 범죄가 있다, 범죄행위가 있다고 내어놓았다고 하더라도 우리는 우리로서 이것에 대해서 독자적인 견해를 가져야 할 것입니다.

하물며 우리는 이 문제를 가지고 조사단까지 구성을 했습니다. 그러면 우리가 조사를 하고 있는 이 마당에 아직 조사결과가 나타나지 않아서, 그야 조사하는 과정을 보면 어느 때까지의 과정은 거짓말도 같고, 어느 때까지의 과정은 진짜도 같겠지요.

그러나 적어도 공식적인 결론은 안 났습니다. 아직도 조사하는 중이에요. 김준연 의원이 제시한 증인도 11명인가 중에서 2명인가 1명밖에 안 불렀어요. 또, 조사단이 독자적으로 조사한 일도 없고, 아직 어디 가서 장부 한번 들여다본 적도 없어! 이러면 국회 조사단으로서는, 아까도 조사단에 관계된 분들한테 얘기를

연설의 정석

들었습니다마는, 이렇다, 저렇다 할 결론을 아직 내릴 단계에는 전연 와 있지 않습니다.

그러면 행정부에서 그런 요청이 왔다고 하더라도 적어도 국회를 운영하는 입장에서는 이것을 보류시켜 놓고, 우리 국회의 조사결과로써, 설사 구속에 동의해 준다고 하더라도 조사결과로서 '이것이 거짓말이다' 입법부의 판단이 내려질 때까지는 이것을 우리가 보류하는 것이 적어도 국회의 권위 상 마땅한 일이다, 나는 이렇게 생각하는 것입니다.

우리 조사는 지금 시작되었을 뿐이고, 아직 뭣도 안 되었는데, 아무것도 포착 못 했는데, 장택상 씨 겨우 한 사람 데려다 증언을 들어보았을 뿐인데, 장택상 씨 증언에 대해서는 이것을 반증, 뒤집을 만한 증인을 낭산이 또 데려올 수가 있는 것입니다. 김준연 씨가 데려올 수 있다는 것입니다. 그러나 김준연 씨가 오늘이라도 구속되고 나면 아마 그런 사람 데려올 수도 없고, 데려오려고 할 때에는 벌써 그 사람들은 겁을 집어먹고 피할 것입니다.

이렇게 우리 국회로서 조사도 전연 진행되지 못하고, 겨우 지금 서론적으로 시작되었는데, 정부에서 구속요청이 왔다고 해서 덜커덕 우리가 이것을 상정시켜 가지고, 그래가지고 동의해 준다고 할 것 같으면 우리 국회가 행정부의 예속물이 아니고 국회가… 잘못된 표현이올시다마는, 어떠한 자기의… 주책主責이 없는 그러한 바지저고리 같은 존재가 아닌 이상은 그렇게 우리 자신을 우리가 홀대하고, 우리 자신을 우리가 업신여기고, 우리 자신을 우리가 믿지 못하고, 이런 식으로는 취급할 수는 없는 것이다, 이렇게 본 의원은 생각하는 것입니다.

제가 조사 경위도 들어보았습니다. 저는 그 사건, 김준연 의원이 발설한 사건에 대해서는 저 역시 신문에 난 이상은 알지를 못하고 있습니다. 그러기 때문에 저는 그 진가眞假는 알 수 없습니다.

그러나 적어도 여야를 막론하고, 이 문제는 만장일치로 철저하니 규명하자, 이렇게 우리가 합의한 것입니다. 1억 3천만 불 수수가 사실인지 아닌지 철두철미하게 규명하자, 이것만은 우리가 원의院意로써 한 사람의 이의 없이 결정했습니다.

그러면 철두철미하니 규명하는 데 있어서 지금 유일한 증거적인 존재는 김준연 의원입니다. 김준연 의원이 내놓은 그 문제에 대해서 본인이 자유롭게 있어야만 자기가 원하는 증인도 데려올 수 있고, 자기가 원하는 증거물도 내놓을 수 있고, 이렇게 되는 것입니다.

내가 듣건대, 김준연 의원은 현재 계속적으로 증거에 대해서 수집을 하고 있고, 자기 발언을 뒷받침할 만한 준비를 가지고 있다고 합니다.

물론 우리가 대한민국을 사랑하는 마음에서, 김준연 의원을 포함해서 우리 175명은 그것이 사실이 아니기를 누구나 바라고 있습니다. 김준연 의원 말은 단정적인 표현도 있습니다마는, 그

　　　　　　　　　　　　　　　　　연설의 정석

후로 본인의 설명을 더 자세히 들어보면 그러한 설이 있으니, 나는 또 그것을 믿을 만한 그러한 심증도 있으니까 이것을 밝히자, 또 그날 여기서 얘기한 것도 최(두선)[17] 총리 보고 '조사해 보라' 이렇게 말을 했습니다.

그러나 지금 김준연 의원께 상당히 거증책임擧證責任을 지우는 입장에 있는 것도 사실입니다. 그러면 우리가 국회의 권위니 뭐니는 다 제쳐놓고 조사단의 입장에서만 논지論之한다 하더라도 거증책임을 지울 사람을 형무소에나 가두어 놓고 거증하라는 것은, 이것은 언어도단입니다. 형무소에 앉아가지고 무슨 재주로 증인 될 만한 사람한테 연락을 해가지고 너 나와 달라… 그야 물론 여러분은 말씀하겠지요. 조사단이 여기 불러오거나, 거기 가거나 해가지고 증인이 누구냐, 이 문제에 대해서는 누가 증인이냐, 이러면 될 수 있다고 그렇게 말씀하겠지요.

그러나 여러분이 아시다시피 이것은 잘못하면 막중한 형사적 책임까지 수반하는 것입니다. 그러면 증인 될 만한 사람이, 자기를 증인으로 내세우려고 하는 사람이 푸른 옷 입고 쇠고랑 차고 형무소에 가 앉아 있는데, 너 언제 그 말을 하지 않았느냐, 와서 증인 좀 서라, 이것 되는 일이 아닙니다.

이것은 결국 의원 여러분들의 본의는 아니지만, 이렇게 취급한다는 것은 결국 이 조사단의 조사업무를 사실상 중도에 좌절시켜버릴 이러한 결과도 가져올 것입니다.

내가 보건대 공화당 의원 동지들 110명… 아마 110명 중에, 110명까지 오늘 받은 인상으로서는 이것은 틀림없이 낭산 김준연 의원이 거짓말이다, 엉터리없는 거짓말이다, 이렇게 확신하고 있는 것 같습니다. 처음에 그 말이 나왔을 때 어리둥절하던 사람들도 지금까지의 조사 경위로는 아마 그렇게 생각하고 있는 것 같습니다. 나는 그렇게 생각하는 걸 잘못했다고 말하고 있지 않습니다.

그러면 여러분이 그러한 확신이 있으면 있을수록 어째서 김준연 의원을 밖에 내어놓고, '자, 이 증거도 대보아라. 너 이 말한 일이 있으니까 이 증거도 대보시오. 당신이 말한 이것도 증거 대시오,' 이렇게 해서 국민 앞에서 정정당당하게 공명정대하게, 정치에서 시작된 문제니까 정치로서 국민 앞에서 뚜렷이 밝히고, 이래가지고 김준연 의원이 증거를, 모든 증거를 제대로 못 대고 이랬을 때는 아마 본인도 염치와 체면과 그만한 양심이 계신 분이니까, 자기가 잘못 판단했거나, 잘못 들었거나, 이래서 못 됐을 때는 본인도 '내가 잘못 되었다'고 할 것이고, 안 하더라도 이미 그때는 객관적으로 판정이 날 것입니다.

어째서 그와 같은 정정당당한 대도를 가지 못하고 이렇게 중도에서, 조사의 초입점에서 유일한 증거적인 존재로 있는 김준연 의원을 구속해 버림으로써, 오히려 야당으로부터 이 결말이 불투명하게 났을 때 '아, 여당 측에서 김준연 의원 잡아넣었기 때문에 우리가 조사 제대로 못 하지 않았느냐? 사실이 뭐가 있는데 당신네들 겁나기 때문에 집어넣어 버리지 않았느냐?' 이렇게 몰아세웁니다. 또 국민 중에 그렇게 생각하는 사람이 있을 수 있습니다.

이것이 여러분께 손해가 되면 되었지, 이익이 될 것이 무엇입니까? 여러분께서 본 의원이 무슨 말을 하든지 '너는 야당이니까, 네 목적은 지금 어떻게 하든지 김준연 의원을 구속 안 시키려고 올라가서 이 소리 저 소리 하는 거니까, 너 말은 들을 필요가 없다,' 이러한 생각이라면 모르겠습니다.

그러나 광부지일언狂夫之一言에도 성인필지聖人必知라고, 어리석은 사람의 말 중에도 성인필지라고, 어리석은 사람 말 중에도 성인은 취택取擇할 일이 있다. 또한, 우리가 여기 모인 것이 야당은 무슨 옳은 소리를 하더라도, 야당은 아무리 건설적이고 애국적인 소리를 하더라도 듣지 못하겠다, 이런 여당의 자세이고, 야당은 또 여당은 '무슨 소리를 하더라도 너희들 말은 못 따라가겠다,' 이러한 우리 자세라고 할 것 같으면 이 나라 민주주의는 끝장인 것입니다.

그러려면 우리가 의사당에 올 필요가 없습니다. 국회의사당이라는 것은 토론과 설득의 장소요, 이해와 관용 속에서 운영되는 것입니다. 개인보다도 당이요, 당보다도 국가인 것입니다. 그렇기 때문에 반대당의 말이라고 하더라도, 그것이 옳은 말일 때는 우리가 경청하고 이것을 받아들일 만한 아량이 있어야 할 것

＝共和黨選擧資金으로＝

日서2千萬弗授受

對日淸算計定四千七百萬弗

이미썼다는說도

金俊淵議員
聲明서暴露

平和線흥정에도 疑惑

◁金俊淵議員▷

聲明全文

對日請求

그 「말썽」

입니다.

　　이러한 점에서, 본 의원은 낭산 김준연 의원을 지금 오늘 이 시간에 구속한다는 것은 공화당을 위해서도… 내가 쓸데없는 걱정 같습니다마는, 도움이 되는 일이 아니고, 더구나 우리가 원의로써 결정한 낭산 김준연 의원의 1억 3천만 불 발설에 대하여 철저하게 규명하자, 이 원의에 대한 위배행위이다, 이렇게 김준연 의원을 구속해 가지고는 철저하게 조사는 고사하고 수박 겉핥기의 조사조차 되지 않는다, 이것은 우리 스스로가 우리의 결의를 부인하는 것이고, 우리 스스로가 조사를 못 하게 만든 그러한 행동이고, 이러한 우리의 행동의 결과는 앞으로 또 하나 새로운 여야 정쟁의 불씨를 가져오는 것이다, 이렇게 본 의원은 생각하는 것입니다.

　　아까 창랑 장택상 씨의 말이 나왔습니다. 나는 대한민국 검찰을 지금 대표해서 구속 동의 요청을 하러 온 법무부 장관이 어찌해서 그 말에 대해서 김준연 씨가 증인으로 든 장택상 씨의 일방적인 말만 취신取信하고 김준연 씨의 말에 대해서는 이것을 일고의 가치 없이 취급해 가지고 김준연 의원만 구속하려고 하는지, 그 진의를 알 수가 없습니다.

　　장택상 씨가 진술을 조사단에 와서도 했고, 검찰에 가서도 한 걸로 알고 있습니다. 이분이 한 말 중에 '내가 1억 3천만 불이라고 한 것은 아니다. 1억 기천만 불이라고 했다,' 이렇게 말했습니다.

1억 3천만 불은 아니고 1억 기천만 불이라고 했다? 옛날 우스운 얘기에 "흰말은 말이 아니다. 왜 그러냐 하면 위에 '흰' 소리가 붙었으니까 말이 아니다. 검정말도 말이 아니다. 왜냐하면, 위에 '검정'이라는 말이 붙었으니까 말이 아니다," 이런 억지 논법이 있다고 아까 낭산 김준연 의원께서 말씀하신 것을 들었습니다.

1억 3천만 불, 1억 기천만 불, 제가 학교에서 배울 때는 세 가지, 네 가지, 다섯 정도 이런 수를 3, 4, 5, 6 정도의 복수에 기幾 자를 붙여서 말한다고 하는 말을 들었습니다.

그러면 1억 몇천만 불이라는 거나, 1억 3천만 불이라는 거나, 그것이 마찬가지다. 그것이 그것입니다. 그러면 장택상 씨가 1억 몇 천만 불, 1억 기천만 불을 받았다는 혐의가 있다는 말을 김준연 의원께 한 것은 사실입니다.

만일 장택상 씨가 1억 기천만 불 설을 김준연 의원께 하지 않았던들 김준연 의원은 1억 3천만 불 설을 듣도 보도 못한 소리니까 할 리가 만무한 것입니다.

그렇다면 기천만 불의, 3천만 불의 끄트머리에 가서 숫자 하나 글자 하나 표현은 틀린다고 하더라도, 이러한 김준연 의원이 발설을 하게 한 그 원인은 장택상 씨에게 있었던 것입니다. 나는 그렇다고 이것을 장택상 씨께 책임이 있고, 김준연 의원께 책임이 없다, 이렇게 말하는 것은 아닙니다.

연설의 정석

또한, 장택상 씨로 말할 것 같으면, 본인이 이미 말한 대로 이 나라의 주석지신柱石之臣(국가의 기둥과 주춧돌의 구실을 하는 아주 중요한 신하)인 분이요, 국무총리를 지냈고, 국회의원을 누대 역임했고, 또한 국회부의장으로서 간부직까지 지냈습니다. 그분 자신이 1억 기천만 불설을 얘기했다는 것은 사실입니다. 그분도 무슨 근거가 있어 말했을 것입니다. 덮어놓고 잠자다가 꿈에 누가 현몽을 해서 1억 기천만 불 소리가 나온 것이 아닐 것입니다.

듣는 바에 의하면, 모 외국인 계통으로부터 들었다, 이런 말을 한다고 그러는데, 그것은 누구한테 들었거나 여하튼 이렇게 되었으면 왜 장택상 씨가 1억 기천만 불의 수수설을 밝히라⋯ 혼자 2억도 아니고 3억도 아니고 혹은 5천만 불도 아니고, 1억 기천만 불 수수설을 밝히라고 하고, 심지어 저 김준연 의원에 대해서 '낭산과 나는 이 나라의 주석지신이니까 둘이 다 형무소에 갈 폭을 잡고 나라의 망하는 꼴을 볼 수 없으니 같이 싸우고자,' 이렇게까지 말하면서 그렇게 했을 리가 없지 않느냐? 그 말이에요.

지금 말한, 우리가 같이 싸우자는 말을 안 했다고 하더라도 본인이 국회의 조사위원회나 혹은 검찰에서 시인한 바로도 1억 기천만 불을 말했어요. 또한, 아까 낭산 김준연 의원을 통해서 받은 장택상 씨의 선언, 선언문을 본다고 하더라도 거기에 1억 기천만 불의 사전수수설에 대한 진상을 밝히라는 문장이 엄연히 나와 있습니다. 이러면 적어도 김준연 의원이 그 원源 장택상 씨가 밝혀 온 종래의 근원은 허위라 하더라도, 김준연 의원이 적어도 그 말을 장택상 씨한테 들었다는 근거만은 뚜렷이 나타난 것입니다.

그렇기 때문에 검찰이나 혹은 국회 조사단 앞으로 장택상 씨가 어찌해서 그러한 1억 기천만 불 설을 말하게 되었는가, 무슨 근거로 그런 수수설을 밝히라고 말하게 되었는가, 이것을 조사해야 될 것입니다. 또한, 우리 국회로서는 조사해야 돼요.

그러나 지금까지 해온 과정, 취급을 보면 장택상 씨가 일방적으로 김준연 의원에 대해서 '머리에 구멍이 뚫린 사람이 아니냐? 불쌍한 사람이다' 등등 부인하는 설만 취신取信하고, 장택상 씨자신이 시인한 1억 기천만 불 설에 대해서 깊이 파고들어가려고 하는 이런 경향은 보이지 않습니다.

이것은 법무부 장관의 경과설명을 들으면 자세히 알겠지만, 적어도 국민이 생각하기로는 이것은 석연치 않은 것이고, 또한 국민이 생각하기에는 어떠한 목적을 가지고 일방적으로 수사한 것이 아니냐, 이렇게 생각이 됩니다.

더욱이 지난번에 장택상 씨가 검찰에 갔다 온 뒤로 이 발설 관계에 있어서 당사자인 낭산 김준연 의원은 제외해 놓고 장택상 씨 혼자만 테레비에 등장시켜서 이래가지고 김준연 의원의 발설이 완전히 거짓말이고 허위인 것으로, 이렇게 사정설명을 하고

연설의 정석

있는 사태에 있습니다. 이러한 점은 적어도 이 수사가 공정하게 이루어졌다고는 볼 수 없는 것입니다.

또한, 제가 아까 여당 의원 동지 몇 분한테 들을 때 이런 말을 합니다. '김종필 의원에 관한 얘기까지만 하더라도 또 모르겠다. 그러나 대통령 박정희 씨에까지, 박 대통령의 신상에까지 문제가 되었으니 참을래야 참을 수 없지 않느냐?' 이런 얘기를 했습니다.

물론 여당에 계신 의원들로서 그 심경은 본인도 이해를 합니다. 그러나 우리가 어떤 문제를 취급할 때는 헌법의 정신에 입각해서, 모든 문제는 형평의 원칙 하에서 고르게 다루어져야 할 것입니다.

박정희 씨는 군정 2년 7개월 동안에도 대통령권한대행 또는 최고회의 의장으로서 역시 국가원수의 위치에 있었고, 또한 지금과 같이, 지금보다도 더 강대한 권한을 가지고 있었습니다. 그러면 지난 선거 도중에도 박정희 장군에 대해서 야당의 여러 인사들이 그 사상을 의심하는 발설을 많이 했습니다. 여순사건을 위시한 박정희 장군의 사상문제에 대해서, 이런 일본 자본의 수수설보다도 몇 십 배 중대한 발언을 했습니다. 또한, 그 당시에도 이미 일본으로부터 70억인지 돈을 갖다 썼다, 이런 말도 나왔습니다.

나는 그 당시 그런 말을 한 분들을 왜 법적으로 처단 안 했느냐, 안 한 사실을 나는 추궁하는 의미에서 말한 것이 아니라,

이렇게 대통령의 권한 문제다, 이래가지고 국회의원을 막 구속하려고 한다고 할 것 같으면, 국회의원도 아닌 사람들이 국회의원의 특권을 주장하는 것은 아니지만, 헌법에 보장되지 않은, 또한 국민의 헌법상의 대표자가 아닌 국회의원이 못된 사람들이 한 얘기도 다 그대로 넘어갔습니다. 형사적인 소추가 없고 거의 수사조차 안 했습니다.

그러면 대통령을 빨갱이로 몰다시피 하고, 또한 대통령이 일본에서 돈 갖다 썼다고 하고, 이런 식으로 하던 과거의 사건은 다 묵과하고, 불문에 부치고, 어찌해서 현역 국회의원인 김준연 의원이 이번에 말한 것, 그것도 발설자가 객관적으로, 장택상 씨의 발언을 통해서도 발설자가 있는, 이 사건에 한해서만은 구속을 해야 하는가? 이것은 법의 형평원칙에서 보더라도 잘못된 일이고, 우리가 납득할 수 없는 일이다, 이렇게 생각합니다.

국민은 법 앞에서 평등한 거고, 법은 어떤 사람이나, 어떤 사건이나, 어떤 경우에 따라서 관대하게 해 주고, 어떤 특정인, 어떤 특정의 경우만 가혹하게 또는 법대로 한다, 이런 것은 있을 수 없는 것입니다. 그래서 이런 점에서 보더라도 우리는 이번 낭산 김준연 의원에 대한 사건이 법의 형평의 원칙에도 위배 되는 것이다, 이렇게 생각을 하는 것입니다.

민주주의는 여러분이 아시다시피 공개정치고, 국민의 이해와 납득을 통해서 행해집니다. 민주정치는 언론의 자유가 있고 헌법이 보장한 범위 내에서 아무 말도 할 수가 있습니다. 그러나 그 민주정치는 국민의 객관 타당성이 있는 것이라는 인정을 받을 만한, 그러한 근거 없이 함부로 말했다가는, 그러한 정치인, 그러한 정당, 이런 사람은 법이 매장하기 전에 국민으로부터 매장이 되는 것입니다.

나는 낭산 김준연 의원께서 하신 말씀, 그것 자체만 가지고는 진眞이냐 가假냐 하는 데 대해서는 본 의원은 소신이 없습니다. 그러나 적어도 낭산 김준연 의원이 그런 말을 하게끔 된 오늘의 우리 사회 분위기, 이것은 유감스럽지만 여당 의원 여러분께서도 인정하지 않을 수 없을 것입니다.

박 대통령 이하 정부 주요한 위치에 있는 분들, 또 공화당에 주요한 간부로 계신 분들은 어떠한 생각 하에서 한일회담을 지금과 같은 방식으로 지금까지 끌어왔는지 모르지만, 적어도 국민의 상당수가 한일회담에 대해서 가지가지의 의혹을 갖고, 가지가지의 풍설이 돌고 있고, 이래서 여당의 제2인자에 대해서 학생들이 그 인형을 만들어서 모욕을 가한다든가, 그 이름을 걸어 국회에서 제거하라든가, 거기에서 나가 제2의 이완용을 빙자한다든가, 이러한 사태가 와 있는 것만은 사실이에요. 이것은 국민이나 야당의 이해가 부족해서 그랬거나, 여당이 정말로 저자세로 그랬거나, 그것은 둘째 문제입니다.

여하튼 지금 이 한일문제를 둘러싸고 국민의 상당한 수가,

과반수거나 과반수 미달이거나 상당한 수가 의심과 논란을 하고 있고, 그럼으로 인해서 일본에 가서 측면교섭을 하던 김종필 의원이 여기에 안 돌아올 수 없었고, 농상農商회담 이하 한일회담이 지금 중지되지 않을 수 없었고, 대표단을 교체시키지 않을 수 없는 이런 환경 속에 있는 것은 사실이에요.

또한, 이러한 야당이라든가 모든 사람의 의혹에 대해서 그 후도 공화당과 공보부에서 신문에 몇 번 광고를 낸 것을 보았습니다마는, 여하튼 석연하게 의혹이 안 풀린 것도 사실이에요.

엊그저께 보더라도 대학생들이, 나는 대학생들이 하는 일은 무엇이든지 잘했다는 이런 미욱한 사람은 아닙니다마는, 여하튼 아직도 당초와 똑같이, 공화당과 정부가 쫓아다니면서 잘 설득했다고 함에도 불구하고, 한일회담을 중지하라고 요구하고 있는 것도 사실이에요.

더욱이 우리들이 의심을 갖게 된 것은, 야당 사람이 의심을 갖게 된 것은 당연합니다. 왜? 한일회담을 사실상 여기까지 끌어온 사람은 누구나 알다시피, 천하가 다 아는 대로 김종필 의원입니다.

그러면 내가 저번에 여기에 나와서도 말했지만, 김종필 의원은 어디보다도 먼저 국회의원으로서 마땅히 국회에 나와야 하고, 이래서 국회에 나와서 공식으로 또는 비공식으로 방법을 다 해서, 우리 야당 사람에 대해서, 또 국회의원 전체에 대해서, 또 공화당 의원 여러분들 중에서도 아시지 못한 점이 많을 것입니다.

이 한일회담의 경위에 대해서 해명을 하고, 의문 된 점에 대해서 해명을 하고, 자기가 소신이 있으면 납득도 시키고, 요쪽 의견이 있으면 듣기도 하고, 이렇게 해서 한일회담에 대해서 어떤 석연한 이해가 갈 수 있었다고 할 것 같으면, 만일 김종필 의원이 여기에 의석에 매일 나와서 그러한 노력을 했다고 할 것 같으면 내가 보기에는…

낭산 김준연 의원 들으십시오. 저기 앉아 계신 아마 김준연 의원께서도 그렇게 단상에 올라와서 성명서를 내기 전에 비공식이라도 의석에 찾아가서 이 김종필 의원에 대해서… 우리 낭산 김준연 의원, 더구나 김종필 의원과는 같은 종씨지간으로 알고 있습니다. 본인도 같은 종씨입니다마는…

(소성[騷聲: 시끄러운 소리])

가사假似 김종필 의원이라 했든지 종씨라 했든지, 당신에 대해서 이런 말이 있으니 이것 어떻게 된 것이냐, 물어볼 수 있었을 것입니다.

그럼에도 불구하고, 김종필 의원은 여기에 전연 출석을 하지 않고, 이 나라 야당의 존재는, 본인의 진의는 모르지만, 야당 그까짓 것들은 상대 필요조차 없다, 나는 학생이나 돌아다니면서 설득시키면 한일회담은 해낼 수 있다 하는, 객관적으로 우리가

연설의 정석

그렇게 생각할 수밖에 없는, 그런 태도로써 국회에는 한 번도 나오지 않고, 우리에 대해서는 일언반구 해명하려고도 하지 않고, 각 대학을 다니면서 학생들한테나 해명하고 있으니, 우리 야당 입장에서는 국회의 권위로 보나, 또는 야당의 체면으로 보나, 또 한일회담 내용에 대한 우리의 의혹으로 보나 유감스럽게 생각 안 할 수 없고, 의문은 의문대로 남지 않을 수 없는 그런 사태를 만들어 놓고 있는 것입니다.

딱 잘라서 김준연 의원이 1억 3천만 불의 얘기를 증거 대라, 왜 그 말 했느냐 이렇게만 따지면, 나중에 결과는 보아야 하겠습니다마는, 김준연 의원은 혹은 책임져야 할지 모르겠습니다.

그러나 적어도 이 나라의 국운에 대해서 걱정을 하고, 과거에 항일투사로서 수년의 옥고를 겪고, 일제의 치하에서 동아일보의 편집국장, 주필로서 이 나라 반일 민족정기를 영도해 온 그분으로서는 이러한 중대한 말을 들었을 때, 여당으로부터는 석연한 해명조차 없을 때, 그런 말을 하게 된 심정만은 우리가 이해해 주어야 될 것입니다.

그러한 원인은, 그러한 책임을 김준연 의원께도 일부가 있을는지 모르지만, 그 대부분은 지금까지 여당이 한일문제를 가지고 야당을 다루어 온 자세에 결함이 있는 데 더 크게 있다고 본 의원은 단정하지 않을 수 없습니다.

더욱이 여기에 나와서 정부의 총리 이하 장관들이 말하는 태도를 볼 때 우리는 아연실색합니다. 여당 여러분들, 내 말씀을 들어보시고, 여러분들도 또 한 번 재고해 보세요.

원용석[18] 농림부 장관이 일본 가서 어업선(線) 문제 가지고 협상을 했습니다. 직선 기선을 긋고 그 직선 기선에서 12마일을 긋자 하는 것이 대체적으로 합의된 내용입니다. 만일 평화선을 그대로 지키고 할 것 같으면 직선 기선도 없고, 곡선 기선도 없을 것입니다. 평화선 그것만 지키면 되니까, 이 직선 기선을 잘 그어가지고 할 것 같으면, 원 농림부 장관이 설명한 것을 보면 인천에서는 30마일 되고, 목포에서는 40마일 되고 등등의 말을 들었습니다.

그러면 적어도 대한민국의 기본태도가 일본하고 어업 협상하는 데 있어서 평화선을 양보한다, 평화선을 그대로 주장 안 한다, 이것만은 확정된 것입니다. 국방선(線)으로는 모르지만, 적어도 어업선으로서는 주장하지 않는다는 것만은 정부의 방침으로써 확정된 것입니다. 그러기 때문에 정부를 대표한 농림부 장관이 일본 농상하고 회담한 데 있어서 그렇게 된 것입니다.

그럼에도 불구하고, 여기에 와서 정부의 총리 이하 외무부 장관 등등 이분들이 답변한 것을 여러분 우리 다 같이 들었습니다. 그분들이 입만 열면 '평화선 양보한 일 없습니다, 아직 어업선 결정된 일 없습니다,' 이렇게 말하고 있습니다.

나는 그것을 반대하는 바이지만, 적어도 정부가 소신이 있다 할 것 같으면 장관으로서 여기에 나와서, 내 사적으로 말 들었습

연설의 정석

니다, '평화선을 지키면 물론 우리는 좋지만, 이것은 국제법상으로 곤란합니다. 혹은 자유세계도 이것을 동조 안 해 줍니다. 혹은 말한 대로 평화선을 지키라고 해 보았자 지킬 힘이 없으니 막 들어와 고기 잡으니 오히려 선을 좀 축소하더라도 그 안에만 못 들어가게 하는 것이 유리합니다. 12마일로 할지 40마일로 할지도 모르지만, 평화선만은 그대로 지키기는 어렵게 되었습니다.'

적어도 정부가 절충하고 있고, 일본국민이 다 알고, 일본 국회에서 일본 각료들이 지원하고 있다고 온 세계가 알고, 이런 일까지도 여기 국회에 와서 말할 때는 '평화선 양보한 일이 없습니다. 아직도 어업선 문제는 미결입니다,' 이런 식으로 국회의원을 우롱한다고 할까, 무시한다고 할까, 불성실한 태도를 취하기 때문에 야당 사람들은 뻔하니 아는 일도 그렇게 감추려고 하니까 자꾸 의심이 더 생겨나는 것입니다.

나부터도 그렇습니다. 어떻게 잘못 얘기를 하면 범죄적으로, 범죄학적으로… 나는 범죄학은 잘 모릅니다마는, 말하면 야당 사람을 그렇게 의심하게 만들어 가지고, 그렇게 심리사태를 만들어 놓고 그중에서 한 사람 김준연 의원이 그런 심리의 발작으로써, 말하자면 아까 말한 창랑으로부터 그런 유력한 정보를 듣고 있으니, 말하지 않을 이런 원인을 여당 측이 만들었다고밖에 볼 수 없는 것입니다.

내 저번에 더욱이 최두선 국무총리가 여기 와서 얘기한 것을 보고 아연실색했습니다. 최두선 씨가 뭐라고 했느냐? 저기 앉아 계신 윤제술 선배 의원께서 올라와서 질문했습니다. '당신은 이 한일 문제에 대한 조약비준서를 낼 때에 국무총리로서 부서副署를 하겠느냐, 안 하겠느냐?' 이런 것을 윤제술[19] 의원께서 물었습니다.

여러분들도 다 같이 듣고 회의록에도 남아 있지만, 최두선 국무총리가 그때 답변할 때 뭐라고 했습니까? '조약 비준 요청서에 도장 찍고 안 찍는 것은, 조약문서에 일본서 조인해 가지고 온 것 보고 검토해 보고 그때 결정하겠다.' 이런 말 했습니다. 여러분, 이것이 일국의 국무총리의 답변입니다.

여러분, 우리가 다 알지만, 일본에 가 있는 대표가 한 가지 한 가지 양보하고, 들어가고 나간 데도 일일이 본국의 훈령을 받습니다. 하물며 최후로 조약문서에 도장 찍을 때는 본국에서 그 원문에 대해서, 초안에 대해서 십분 검토하고 나서 국무회의… 최두선 씨가 부의장으로 있는 그 국무회의에서 결정을 해가지고 도장 찍으라고 했을 때 비로소 본국 정부를 대표해서 그 지령에 의해서 찍는 것입니다.

그러면 자기가 그 문서에 도장 찍으라고 해 놓고 나중에 부서하고 안 하는 것은 그 문서 들여다보고 하겠다, 이와 같이 소신 없이, 무슨 말이든지 소신을 가지고 여기 와서 말하는 것이 아니라 어떻게 하든지 국회에 나와서 그저 말꼬리 안 잡히고 빠져나가려고만, 이와 같은 소신 없는 총리나 장관들이 태도를 취하기 때문에…

　말씀하다 보니까 본 의원이 퍽 미안한 것은, 오늘 그 최두선 국무총리 집에 불행한 일이 있었다는데[20] 제가 생각지 못하고 그분을 거론해서… 이런 말 하게 되어서 개인적으로 죄송합니다마는, 여하튼 그렇게 정부의 각료나 이런 사람들이 박 대통령의 하던 한일회담의 자세에 대해서 신념을 갖지 못하고 믿지를 못하기 때문에…

　저, 의장님, 좌석 좀 정돈시켜 주십시오.

　(사회 교대)

부의장 **나용균**[21]

　계속하세요. 김대중 의원의 요청도 있습니다마는, 내가 보기에도 너무 좌석이 문란합니다. 저 뒤에 서 계시는 분들 착석해 주시고, 사담 좀 금해 주셨으면 고맙겠습니다.

　("천천히 하시오, 천천히" 하는 이 있음)

김대중 의원

　(계속) 여당 측에 계시는 분들이 천천히 하라고 권하시니까 천천히 하겠습니다.

("천천히 하시오. 맘 놓고 천천히 하시오, 천천히" 하는 이 있음)

특히 차 의원 말씀대로 천천히 하겠습니다.

아까 말씀과 같이 이렇게 정부에 있는 총리나 장관이 한일문제에 대해서, 김종필 의원도 말했지만, 박정희 정권이 국운을 걸고, 박정희 정권의 운명을 걸고 추진하고 있다는 이 한일회담에 대해서 소신을 갖지 못하고 있습니다.

내가 그 답변한 데를 보고 나가서 복도에서 어느 공화당 의원을 만나서 이런 말씀을 했습니다.

"'내가 당신네 정당에 대해서 이런 말씀을 해서는 대단히 개인적으로 미안하지만, 나도 국민의 한 사람으로서 얘기하는데, 이왕 장관을 쓰려거든 장관 했다는 말이나 듣고, 죽었을 때 명정銘旌 감이나 하고, 장관 하는 동안은 될 수 있으면 욕 안 얻어먹고, 끝나고 나면 국책회사 사장이나 하나 얻어서 하고, 이런 생각을 가진 사람 쓰지 말고, 이 나라 국무위원은 이 나라가 망하고 흥한 것이 내게 책임이 있다, 내가 아니면 이 나라를 어떻게 하느냐, 이러한 사명감을 갖고, 박 대통령이 이 나라의 건국의 아버지로서, '한국의 조지 와싱턴'으로서 동상이 설 때는 나도 그 옆에 하다 못해 나무 비석이라도 세우고, 만일 불행히도 그분이 어떠한 책임을 질 때에는 나도 생사를 같이할 그러한 소신과 결심이 있는

연설의 정석

사람을 써라. 저러한 박 정권의 국무위원이, 그 국무위원 스스로가 소신을 갖지 못한 한일회담을 어떻게 해서 우리 야당이나 국민이 소신을 가질 수 있느냐? 자기들이 믿지 못한 것을, 내가 나를 믿지 못하는데 왜 남이 나를 믿겠느냐? 이렇기 때문에 의혹에 의혹이 거듭되고, 의문에 의문이 거듭된다.”

이런 말을 했습니다. 아까도 말씀했지만, 김준연 의원이 말씀한 그 사실은 별도로 하더라도 이런 식으로 의심을 하게 된다는 그 원인이 정부 당국자의 그러한 불투명하고 소신 없고 한 데에 있는 것입니다.

본 의원이 김준연 의원께서 이 말씀을 터뜨린 이후로 세간 여론을 들었습니다. 내가 솔직하니 말해서, 나는 1억 3천만 불 그것 자체에 대해서도 잘 모르지만, 나중에 12개 항목 중에 대일청산계정 같은 것은 본인도 보고 좀 의아했습니다.

왜 의아하게 되었느냐 하면, 본 의원은 재경위원회에 소속해 있습니다. 우연히도 지난 2월경인데 한국은행 총재를 출석시켜 가지고 재경위원회에서 우리나라 외환… 지난 작년 연말 외환 보유고 1억 1,300만 불 내용에 대해서 질문한 일이 있었습니다.

그때에 재경위원회 회의록에도 나와 있습니다마는, 한국은행 당국자가 말하기를 1억 1,300만 불 외환이 있는데 우리나라… 순전히 우리나라 것, 남에게 갚아야 할 LC라든지 대일청산계정

연설의 정석

이런 것을 빼고 순전히 우리나라 포지션position이라고 표현합니다마는, 이 포지션은 3,000만 불 내지 4,000만 불이라고 그런 말을 했습니다.

그래서 그때 야당 의원들이 거듭거듭 일어나서, 그러면 한일 청산계정 이런 것 전부 뺀다고 하면 3,000만 불밖에 가용재원이 없지 않느냐, 이러니까 기획원 당국자하고, 이 뭡니까, 한은측에서 말하기를, '그것은 부채로만 되어 있지만 동결되어서 구좌에 들어가는 것이 아니다. 아니니까 1억 1,300만 불이 비록 가용재원이나, 그러나 그러한 이미 확정된 부채를 뺀다고 하면 실상은 3, 4천만 불이다.' 이렇게 설명을 들었습니다.

그때에는 이런 말이 나오기 전이고, 그래서 대일청산계정이 그렇게 문제가 되지 않았습니다. 그런 얘기도 듣고 했기 때문에 저는 대일청산계정 4,750만 불이, 아직 금액에 다소 변동은 끄트머리에 있습니다마는, 이것이 청산되지 않은 것으로 저도 알고 있었습니다.

그런데 김준연 의원의 12개 항목 중에 그 청산계정문제가 나와서, 저 자신도 그것은 좀 설명을 들어야 알겠다, 언젠가 김준연 의원한테 물어보아야 하겠다, 이렇게 생각하고 있었습니다.

오늘까지 서로 바쁘고 그래서 알지도 못했습니다마는, 무엇을 의미하는지 저는 잘 모르고 있습니다마는, 하여튼 저희들도 그렇게 생각을 했고, 또 제가 아는 은행 계통 사람이라든가 만났을 때, 경제계 사람들을 만났을 때, 그분들은 이 문제에 대해서는 어느 구절, 어느 구절에 대해서는 그것은 좀 그렇지 않을 것이다, 하는 얘기도 들었습니다.

그러나 저희들이 그런 특수한 사태를 알고 있는 사람들을 빼놓고 일반 국민들을 만났을 때에는 이 한일문제, 특히 김준연 의원 발언에 대해서는 거의 무조건으로 이것을 믿는 경향을 보고 놀랐습니다.

그것을 볼 때 그 진가眞假는 차치하고라도, 이 한일문제 가지고는 이만큼 현 정부가 국민으로부터 의심을 받고 있다는 것을 저 자신도 새삼스럽게 들었습니다. 이러기 때문에 지금 한일문제를 위요圍繞(빙 둘러서 싸다)하고는 그 문제뿐이 아닙니다. 여러 가지가 지금 의혹들이 많이 개재하고 있는 것입니다.

그렇다면 내가 볼 때는 김준연 의원이 발설한 것이, 비록 구체적인 현실로서는 그분 한 사람이 발언한 것이지만, 어떻게 보면 국민 전체가 이 한일문제에 대해서 가지고 있는 이런 의혹을 총대변한 것이라고도 볼 수 있습니다.

그러면 민주정치를 하고, 국민을 설득시키고, 국민을 이해시키고, 국민을 납득시키는 그러한 정치를 하는 우리 민주정치 하의 여당으로서는, 또는 정부로서는 사람 하나 잡아넣는 것은 언제든지 넣을 수 있습니다.

그러나 그 잡아넣는 것에 앞서서 더 급한 문제는 국민이 터무

니없는 문제로 오해를 하건, 국민의 상당수가 의심을 갖고 있고 오해를 하고 있는 문제에 대해서 좀 더 깊이 해명하는 노력이 있어야 할 것입니다.

김준연 의원께서 제시한 12개 항목에 대해서 공화당 성명을 보았습니다. 그 성명은 해명이라고 했지만, 사실은 해명이 아니고 일종의 사태를 묵살해 버리려고 하는, 그러한 성명으로밖에 볼 수 없었습니다. 김준연 의원 자신은 어떠한 의도로 했건, 김준연 의원 자신의 증언이 무엇이건, 적어도 이것은 이 국민 앞에 보도되고, 국민이 또 그것을 어떠한 사람이 그랬을까 의혹을 가진 사람이 있는 것을 우리가 아는 이상은, 좀 더 공화당은 국민에 대해서 구체적으로 성실하게 해명할 노력이 있어야 할 것입니다.

제가 지난번에도 이 단상을 통해서 한번 말씀한 일이 있습니다. 민주당 정권 때에 소위 중석불[22] 사건이라고 하는 것이 있었습니다. 대한중석회사에서…

(사회 교대)

의장 **이효상**

조금 제가 한 말씀 드리겠습니다.

의사일정 변경 동의에 대한 이유를 지금 설명하시는 것이 아닙니까? 물론 견해에 따라서는 모든 문제를 다 관련시킬 수 있겠지만, 저는 국회의장을 해 본 경험이 없습니다.

이제 이 의사일정 변경 동의를 설명하는 데 30분 혹은 1시간이나 이 정도는 좋다고 생각했는데, 지금 2시간이 다 되어 갑니다. 물론 김대중 의원의 발언을 억제하자고 하는 생각은 아니올시다.

우리가 의사를 빨리 진행시키기 위해서 될 수 있으면 그 본 의제에 직접으로 관계있는 말씀으로서 결론을 빨리 내주시기를 바랍니다.

계속하세요.

김대중 의원

(계속) 지금 의장께서 주의 말씀이 계셨습니다.

본 의원으로서도 이렇게 동의 제안 설명이 너무도 장시간 간 데 대해서 제가 존경하는 의장 이하 원내 의원 동지 여러분에 대해서 미안하게 생각을 합니다. 이것은 본 의원도 길게 꼭 말하고 싶어서 한 것은 아닙니다. 다만 설명을 하다 보니까 지금 길어지고 있습니다.

될 수 있는 대로 의장께서 말씀한 취지에 따라서 설명이 본 지本旨에 어긋나지 않도록 말씀을 하겠습니다.

말이 나왔으니까 그 말씀은 우선 끝내야 하겠습니다. 저희 민주당 때에 이 중석불 사건이 있었습니다. 대한중석에서 그 당시 미국 혹은 영국 상사들이 중석을 사 가려고 하는데, 동경식품

연설의 정석

하고 계약을 하게 되었습니다, 일본에 있는…

그런데 그 당시 일부에서 민주당 정권이 동경식품과 밀약을 해 가지고 수백만 불의 커미션commission을 정치자금으로 받아먹었다, 이런 말이 났습니다. 이래가지고 그것이 매일같이, 적어도 2, 3개월을 두고 신문에 대서 특보 되어가지고 어디를 가나, 어느 자리에 앉거나 정말로 몸 둘 곳 없을 정도로 욕설을 받았습니다.[23]

다행인지 불행인지 5·16혁명이 나 가지고, 군사정부에서 이것을 다시 취급해 가지고 철저히 조사한 결과 근거 없다는 것이 밝혀져서, 혁명을 당해서 억울하지만, 그 억울한 것을 또 풀었습니다.

그 덕으로… 그렇지만 그 당시에는 이것이 민주당이 해 먹은 것으로 아주 거의 기정사실로 되었습니다. 변명해 보았자 통하지 않았습니다. 민주당이 변명 해명한 말은 거의 취급이 안 되고 먹었다는 말만 대서 특보가 되어가지고, 이래가지고 완전히 저희들은 중석불 사건에 한몫 낀 사람으로 되어 있었습니다.

5·16혁명이 나고 나서 제가 해병대 사람을 하나 만났습니다. 제가 민주당 한 줄 모르는 그 사람을 만나서 해병대가 서울에 선두에서 선발대로 들어왔는데, 어째서 이렇게 말하자면 혁명을 했느냐, 이랬더니, 첫째로 하는 소리가 '아, 그 도적놈들 정권 잡아서, 자유당은 그래도 정권 잡은 지 4, 5년 뒤에나 해 먹었는데, 이놈들은 정권 잡자마자 반년도 못 되어서 중석불을 먹지 않았소? 이런 놈들을 가만히 둘 수가 있느냐?' 이렇게 말하는 것을

들었습니다.

저는 그 사람이 너무도 단정적으로 얘기하고, 또 그 당시 그 서릿발 같은 시대에 내가 민주당인데 안 해 먹었다고 했자 통할 리도 없고, 그래서 아무 소리 못 하고 그냥 돌아섰습니다마는, 여하튼 그런 일을 겪었습니다. 아무튼 그런 일을 겪었습니다. 여당을 하게 되면 억울한 말을 듣기 마련입니다.

그러나 우리가 민주주의를 안 하면 모르되, 하는 이상은 그래도 신문이 아무리 일방적인 보도를 하고, 어떤 정치인이 아무리 일방적인 말을 하더라도, 긴 안목으로 볼 때는 그런 일방적인 신문 보도나 그런 일방적인 말을 하는 정치인을 또는 국민을… 신문을 폐간시키고 강압하고 잡아넣고 이렇게 하는 것보다는, 정말로 민주주의라는 신념이 있고, 긴 안목이 있다고 하면, 자신을 자기가 믿을 수가 있다고 할 것 같으면, 국민한테 설득시키고, 국민한테 이해시키도록 하는 것이 좋을 것입니다.

내가 공화당 의원 여러분께 말하고자 하는 것은, 우리가 집권했을 때에 우리가 안 하던 일을 여러분보고 하라는 것은 아닙니다. 우리는 그렇게 당했지만, 억울한 사실 그 외에도 많이 들었지만, 요새 흔히들 여당 의원들께서 신문에 대해서 불평이 많습니다마는, 아무리 신문에 대해서 불평이 있다 하더라도 민주당처럼 당한 정권은 없습니다.

아무튼, 그 당시의 신문의 논조는 딸 일곱 난 집에서 여덟 째

연설의 정석

딸을 나도 민주당 책임이고, 저 건넛집 다방의 커피 맛만 나빠도 민주당 책임일 정도로 모든 것을 우리에게 뒤집어씌웠습니다. 그렇지만 우리는 그래도 민주주의에 대한 신념을 가지고 버티어 나갔기 때문에 4·19 1주년을 계기로 해서 차츰 정국도 안정되고, 국민이 차츰 여론으로서 그런 식은 안 되겠다, 이렇게 데모만 나도 안 되고, 이렇게 혼란만 나도 안 되겠다, 이러한 방향으로 나갔던 것입니다.

나는 오늘 이 의사를 취급하는 데 있어서, 내가 여러분께 이 의사 일정 변경 동의를 말씀한 것도 우리가 그러한 자세로써, 그러한 건설적인 자세로써, 또한 그러한 민주주의에 대한 노고勞苦한 신념 아래 이 국사를 다루어야 할 것입니다.

175명 중에 한 사람 김준연 의원이 출석하거나 안 하거나 국회의 운영에는 지장이 없습니다. 야당으로서도 김준연 의원 한 분이 나오거나 말거나 손들어 보았자 맨날 지게 마련입니다.

그러나 오늘날 여기에서, 김준연 의원을 아까도 말씀하다시피 구속하지 않더라도 재판은 재판대로 할 수 있고, 또한 기어이 구속하고 싶으면 내일 저녁 12시 넘으면 마음대로 할 수 있다고 함에도 불구하고, 이러한 시간의 연장에 연장을 거듭하고 해야 할 이유가 어디에 있느냐?

아까 의장께서는 '이렇게 여러 번 회의를 연기에 연기를 거듭했는데, 내일 할 수가 없는 것'이라고 말씀하셨습니다. 그

연설의 정석

면에서만 보면 의장의 말씀이 당연합니다. 그러나 우리 야당 사람들은 그래도 똑같은 의원 동료요, 또 조석으로 우리가 상대하는 분이요, 연세로 보면 개중에는 자기 형님뻘 되는 사람도 있고, 부모 뻘 되는 사람도 있습니다. 저 어른이 형무소에 끌려가려고 하는 것을 단 1분이라도 더 있고 싶어 하는 것, 이것이 인지상정人之常情이올시다. 이것은 여당 의원들도 마찬가지일 것입니다.

그러면 토요일까지는 몰랐는데, 오늘 아침에 와 보니까 구속 동의 요청이 나왔소. 그러니 우리로서 그래도 할 수 있는 최선의 방향, 뭔가 여당 여러분들하고 오늘 저녁이라도 만나서 여러분들 체면도 세워줄 수 있고, 또 이분 입장도 구속을 모면할 수 있는 그런 방법이 있으면 본인이 들을지 안 들을지, 거의 성립되지 않을는지 모르지만, 그것을 해 보고 싶은 심정을 가진 사람도 있습니다.

또한, 기위既爲 잡혀갈 바에는 그래도 저녁에 만나서 같이 악수라도 하고, 눈물 한 방울이라도 같이 흘리면서 밥술이라도 나누고 작별하고 싶은 심정을 가진 사람도 있을 것입니다.

또한, 이분이 들어간 이후에 이분의 가사家事에 대해서 우리들이 협의도 받고 상의를 하기 위한 사람도 있습니다.

이제 70이 다 된 이 어른이, 70이 이미 넘은 어른이지만 옥중에 끌어가려고 하는 그분을, 오늘 아침에 와서 알고 하루 손잡고 위로조차 못 하고 우리가 쇠고랑 채워서 형무소 가라고 보내기에는 차마 우리의 사정으로서는 이것이 용납되기가 어려운 것입니다.

그렇기 때문에 우리는 하루만 연기해서 내일 취급해야 되겠습니다. 그러니까 공화당 의원들 중에서 내일 취급하는 것은 좋되, 그러면 당신네가 내일 필리버스터로 의사 진행으로서 한없이 할 것이 아니냐? 이런 말을 저한테 하는 것을 들었습니다.

여러분이 그것은 과거 국회법을 근거로 해서 하는 얘기입니다. 필리버스터… 과거 국회법은 한없이 할 수 있었습니다, 언권言權을 얻어가지고. 지금은 국회법 제98조에 의해서 운영위원회에서 미리 발언 순위와 발언 시간을 제한할 수 있게 되어 있습니다.

또 발언 수와 순위 시간을 제한받아 가지고 여기 왔더라도 의장은 직권으로써, 또는 10인 이상의 동의로써 각 교섭단체의 한 사람씩 발언하고 나면 중단시켜 가지고 표결할 수도 있습니다.

그러면 내일 이것을 상정시킨다? 여러분께서 우리가 질질 끌 것 같으면, 시간을 가령 30분씩 제한했다면 세 사람이면 1시간 반이요, 여당까지 해서… 포기하면 1시간이요. 그러면 여러분 중에 10명 이상 날인을 해 가지고 제출하거나, 의장이 취급하거나 해서 토론종결을 하고, 김준연 의원 구속 동의 요청에 대해서 표결할 수 있는 것입니다.

아까 말씀과 같이 우리가 묶어서 주지 않더라도, 우리가 의사당에서 척 안겨서 내주지 않더라도 재판의 결과는 김준연 의원께 형을 줄 수 있고, 우리가, 국회가 나와 같은 동료 의원을 묶어 주었다는 말을 안 듣더라도 정부는 내일 저녁 12시가 넘으면 묶을 수가 있고, 정정 우리가 묶어 준다고 할 것 같으면 하루 저녁쯤 은 여야가 같이 얘기를 해 보고, 무언가 우리가 서로 얘기할 수 있으면 얘기해 보고, 얘기가 안 되면 우리 야당 의원끼리 모여서 형무소 가는 사람하고 그래도 냉수 한 그릇이라도 나누도록 시 간 여유를 주고, 이것조차 못 하면 우리가 무엇 때문에 여기에, 대한민국 국회에 회의를 하러… 회의는 문자 그대로 모여서 의 논하는 장소인데, 회의라는 것이 무엇이냐 이 말이야!

내가 이것은 여당 의원 여러분에게 개인적으로 무슨 비위를 맞추기 위해서 한 것이 아니라, 어저께 이상철[24] 의원께서 그런 말씀을 어느 좌석에서 합디다마는, 이번 6대 국회에 와서 볼 때 우리 야당 의원들은, 기위 다 민정당이건 삼민회건, 우리가 서로 잘 아니까… 여당 의원들은 새로 있는 사람들이 많습니다. 그러 나 분과위원회에서 같이 있어 보거나, 원내에 와 보거나 정말로 개인적으로 볼 때 그 인간성이라든가, 혹은 국정을 걱정하는 자 세가 존경할 만한 분이 많은 것은 사실입니다.

여기에 과거 자유당 시대에 계시던, 자유당 당적을 가졌던 분 도 있습니다마는, 그러나 여하튼 이 6대 국회에 있어서 여당의 한 분 한 분의 자세가 구정치인이거나 신정치인을 막론하고 과거 의 여당보다는 훨씬 더 인간적인 면에서나, 정치인으로서의 식견 과 자세에 있어서나 월등한 것만은 내가 조금도 여러분께 아첨이 라든가 비위 맞추어서 하는 소리가 아니라, 나는 그렇게 신념을 가지고 있습니다.

이런 말은 내 선거구에 가서도 선거구민들한테 했습니다. 나는 그것을 이 나라의 희망 있는 하나의 징조로 보고 있습니다.

그러면 그러한 여러분들이 우리가 비록 당적은 다르지만, 그래도 서로 존경하는 분이 있고, 서로 신뢰하는 분이 있는데, 어찌해서 이 문제 하나를, 더구나 동료 의원을 잡아가는 문제를… 동료 의원 손에다 쇠고랑 채우는 문제를 이렇게 여러분이 서둘러 가지고 하잘것없는 이 사람이 여러분의 눈총을 받아가면서, 여러분한테 미안하다는 말을 중언부언하면서, 이 단상에서 이런 말을, 의장의 주의까지 받아가면서 하게 하느냐, 우리가 이런 사태를 지금 가지고 있을 시기냐, 이 점에 대해서 나는 여러분께 호소의 말씀을 드리지 않을 수 없습니다.

나는 한·일 문제는 정부가 정부의 운명을 걸고도 할 것으로 생각하고 있습니다.

법무부 장관은 행정적으로는 법무부의 책임자이지만, 헌법으로서 국정 전체에 대해서 동료 간 책임을 지고 있는 국무위원입니다. 법무부 장관에 대해서 우리는 이런 문제도 한번 소신을 물어보아야 한다고 생각합니다.

누차 천명한 대로 현 정부가 한·일 문제를 정권의 운명을 걸고도 추진하겠다, 또한 이번에 수많은 반발과 데모와 그걸로 인해서 일시적인 중단의 사태에도 불구하고 한·일 문제는 기정방

연설의 정석

침대로 추진하겠다는, 이러한 방침이 확립된 것으로 알고 있습니다. 이러한 정부의 방침은 법무부 장관도 국무위원으로서 같이 동의하는 바라고 믿고 있습니다.

그러면 법무부 장관은 이와 같이 한·일 문제에 있어서 국민의 의혹된 점, 야당의 의심, 이런 문제에 대해서 정부가 학생들한테 설득시키려고 애쓰는 그런 정도의 성의를 가지고 야당에 대해서 의문점의 해명을 하고, 야당에 대해서 내용을 알려주고, 이래서 협력을 구하려고 하는 노력은 하지 않고, 비위에 틀린 말 한다고 야당 국회의원을 잡아넣고, 이렇게 해가지고, 그러고도 앞으로 한·일 문제를 추진하는 데에 있어서 야당 측에 대해서 협력을 요구할 수 있는 체면과 자신이 있느냐?

공화당에 계신 선배 의원 동지들께 말씀드립니다마는, 현재대로 진행이 된다고 할 것 같으면 2월이 되건 7월이 되건 아마 한·일회담의 비준 요청서는 이 국회에 올 것입니다.

여러분들이 김준연 의원이 그런 말을 좀 했다고 해서 형무소에 집어넣고, 이런 식으로 한·일문제의 논의과정에 야당을 대우하고 나서 나중에 비준서 가지고 여기서 할 때, 토의할 때에 그렇게 간단히 문제가 될 걸로 생각해서는 안 됩니다. 이런 말은 내가 여러분에게 대해서 어떤 협박적으로 하는 말이 아니라 후일을 위해서 미리 말하는 것입니다.

나는 솔직한 말씀이, 한·일 문제에 대해서는 우리가 동북 아세

아에 있어서 고립을 면하는 입장에 있어서나, 혹은 2개의 한국론이 대두되는 것을 미연에 방지하는 입장에서 한·일 문제는 빨리 타결되어야 한다고 하는 것을 신념으로 가지고 있습니다. 야당사람 중에서는 그런 신념에 저는 비교적 적극적인 사람입니다.

그러나 우리의 이러한 신념은 여당 여러분들에 대해서, 다수당이요 정권을 쥐고 있는 여러분들에 대해서 신뢰와 존경이 갈 수 있을 때 이것이 행동으로써 구현될 수 있는 것이지, 여러분들이 이렇게 야당을 대접하고, 이렇게 소수당이라고 해서 여러분의 본의 여하를 막론하고 결과적으로 멸시하고 천대하고 함부로 취급하고… 이런 식으로 된다고 할 때 나 자신부터 나는 여당에 대한 신뢰심과 경의를 계속 가질 수 없고, 결국에 있어서는 사람을 독사로 만드는 그러한 결과밖에 안 될 것이다, 하는 것을 생각하는 것입니다.

지금도 말씀을 했지만, 여러분이 아시다시피 한·일 문제, 이 문제는 비록 공화당 정부만의 운명에 관련된 문제가 아니라, 이것의 진전 여하에 따라서는 제3공화국 운명과도 직결될 가능성이 많은 것입니다. 만일… 불행한 말씀을 해서 죄송합니다마는, 공화당 정부가 정상적인 임기를 채우지 못하고, 비정상적으로 정권을 내놓아야 할 그런 마당에 들어간다 할 것 같으면, 내가 볼 때 그때에는 국회도 민주주의도 의회주의도 정당도 있기 어려운 사태가 올 가능성도 있지 않느냐, 이런 것을 우려하는 바이고,

연설의 정석

또한 그러한 우려는 비단 본 의원뿐 아니라 여야를 막론하고 상당한 국회의원 또는 국내의 식자들이 가지고 있는 걸로 알고 있습니다.

그러면 우리는 오늘, 김준연 의원의 구속문제를 논의함에 있어, 적어도 우리가 국사에 대해서 책임지는, 나라의 운명에 대해서 막중한 책임을 가지고 있는 우리들로서 여기에서 좀 더 차원을 높이 생각해서, 이 불행한 사태를 전화위복해서 우리가 서로서로가 좀 더 겸양하고 책임 있는 자세로 돌아가서 이 문제를 다룰, 그러한 아량과 정치인으로서의 각성이 있어야 할 걸로 생각됩니다.

만일 오늘 여러분께서, 야당 측의 본 의원이 개인적으로는 올라 와 말씀을 하고 있습니다마는, 야당 국회의원 65명, 정당으로 하면 4개의 정당, 국민을 대표하는 숫자로 할 것 같으면 아시다시피 공화당의 숫자보다 더 많은 숫자입니다.

이러한 사람들의 절실한 부탁이나 소원을 여러분들께서 무시하고, 이 문제를 기어이 오늘 해치워서 김준연 의원을 앰블란스에 태워서 형무소로 보내는 이런 식으로 문제를 취급한다고 할 것 같으면, 아마 내일부터의 앞으로의 정국은 극히 험악해질 것입니다.

우리는 결단코 지금 6대 국회는, 또한 현 정부는, 또한 현 야당은 안정된 입장에 있는 것이 아닙니다. 여당이 안정된 입장에서 국민의 전폭적인 지지를 받고 있다고 보기도 어렵습니다. 그렇다고 지금 국민은 자유당 말기 당시에 민주당한테 걸었던 것과 같은 그런 압도적인 희망을 야당한테 걸고 있는 상태라고 보기도 어렵습니다.

그러면 지금 국민들은 거의 절망과 허탈 속에서 방황하고 있는 것입니다. 그러면 이렇게 우리가 절망과 허탈 속에서 방황하고 있는 이 국민 앞에 지금 가장 큰 문제로서 정국불안의 요인, 혹은 국가운명을 좌우하는 최대의 과제로서 등장하고 있는 이 한·일 문제에 있어서 정부가 왈日, 말한 대로 PR 부족이라고 할 것 같으면 어떠한 의심이든지에 대해서 해명할 것은 해명하고, 조사할 것은 조사하고, 이렇게 해서 한 사람 한 사람 납득시키는 가운데 여당의 착실한 이해자를 구해 가려는 태도보다는 이렇게 야당 사람을 구속하는 걸로, 억압하는 방향으로, 이래서 공포 분위기를 조성하는 방향으로 문제를 이끌고 간다고 할 것 같으면, 이것은 더 무서운 폭발의 씨를 배태하고, 남기고 가는 것이라고 본 의원은 생각하는 것입니다.

그러므로 본 의원이 여기서 여러분께 말씀을 드릴 것은, 여당과 야당이 서로 협의하고, 이 문제를 좀 더 냉정하고 이성으로 다루어서, 이래가지고 이러한 김준연 의원의 발언이란 불행한 사태를 계기로 해서, 오히려 우리가, 여야가 서로 다시 한번 무릎을 맞대고 상의해서 이 한·일 문제를 진지하니 다룰 수 있도록

연설의 정석

끌고 나가는 것이 여당이 진실로 취할 고차적인 정략이요, 또 그것이 야당을 중히 여긴다는 것보다도 오히려 국민을 중히 여기고, 오히려 문제를 건설적으로 생산적으로 끌고 가는 방향이 아닌가, 본 의원은 이렇게 생각하는 것입니다.

제가 여기서 이 한·일문제에 대한 야당 사람들의 입장을 일일이 말할 수는 없습니다. 그러나 본 의원이 처음에 생각했을 때에는, 솔직하니 고백을 합니다마는 지난번에 이 한·일회담반대투위[25]가 지방 강연을 내려간다고 할 때 본 의원의 판단으로서는…

그 후로 그 판단이 잘못되었다는 것을 스스로 알았습니다마는, 지금 지방에 내려가더라도 국민들은 그렇게 크게 한·일 문제에는 관심이 없는 걸로 알았습니다. 또 지방에서 온 일부 사람들이 그렇게 말했습니다. 또 언론계에 계신 분들한테 물어보아도 그랬습니다.

그러나 그 후로 한·일회담의 굴욕적인 자세를 반대하는 강연이 전국적으로 전개되었을 때에 각처에서 모여든 그 군중들… 그 사람들의 열도熱度 이런 것을 듣고 보고 했을 때 그 사람들의 감정이 과거 일제 36년 때 식의 감정… 3·1 운동적인 감정이건, 한·일회담의 내용을 정확히 알아서 그랬건, 몰라서 그랬건, 여하간에 이 한·일회담 문제 가지고는 현 정부·여당이 크게 국민으로부터 의혹을 받고 있다는 것만은 알 수 있었습니다.

제가 지난 휴회 동안에 선거구를 내려갔습니다. 내려가서 여기저기 인사도 돌고, 노인당도 다녔습니다. 간 데마다 제일 먼저 묻는 말이 한·일 회담에 대한 얘기를 묻습니다. 그다음 날 노인당 갔을 때에는 일부러 다른 얘기를 하고 한·일회담 문제를 빼보았습니다. 그러면 말 도중에 한·일 회담 얘기를 '어떻게 되는 것이냐' 이렇게 묻는 것입니다.

이런 정도로 국민은 현재의 한·일회담 문제에 있어서 저자세를 걱정하고, 말하자면 내용을 깊이 알고서 그랬건, 몰라서 그랬건 이 한·일 회담이 잘못 되어 가지고 이 나라가 당장에 일본의 식민지화가 되고 예속화되는 것으로 이렇게 걱정하는 사람들이 많은 것은 사실입니다.

또한, 그동안에 일본의 일부 잡지들… 그것이 가치가 있는 잡지건, 가치가 없는 잡지건 간에 일본의 일부 잡지에서는 한·일 회담에 대해서는 일부 이미 돈이 넘어갔다는 등등의 잡지가 제가 듣는 바로는 〈주간 요미우리(讀買)〉… 그 잡지에, 20억 돈이 갔다는 이런 등등의 기사가 난 것도 보았습니다.

그 후로 그것이 취소되었다는 얘기도 들은 일이 있습니다.

그러나 여하튼 이러한 한·일 회담 문제가 지금까지 장막 속에 싸여 왔고, 국민이 의심을 하고 이러니까 70억이 되었건 7억이 되었건 '건너갔다', 이런 말이 일본에서 나오게 되니까 혹 여나… 혹은 어떤 사람들은 '아니 땐 굴뚝에 연기 나겠느냐?'

연설의 정석

하는 심정으로 걱정을 하게 되는 것입니다.

이런데다가 김준연 의원은 아까 말한 바와 같이, 장택상 씨로부터 그러한 말을 자기가 들었다, 또 김준연 의원 말대로 하면, 심지어 '그것은 모 외국인으로부터 들었다. 그러니 낭산과 나와 같이 이 나라의 주석지신은 생명을 걸고 이것을 밝히고, 우리가 다 같이 서대문으로 가자,' 이렇게 말했을 때 이런 회담의 분위기, 또 이런 창랑의 말, 이런 것으로 해서 그런 발설을 하게 된 것은, 나는 당연히 할 수 있는 일이라 이렇게 생각하고 있습니다.

그러니까 내가 볼 때는, 이 문제에 있어서는 김준연 의원을 구속하려고 서두를 것이 아니라, 구속하려고 서두르기에 앞서서 적어도 우리 국회만이라도 조사단의 임무가 끝날 때까지는, 이 문제에 대해서는 우리 국회만이라도 김준연 의원 구속문제를 경경(輕輕)하니 다룰 수 없는 것이다, 이렇게 생각을 하는 것입니다.

또한, 정부 당국자는 국회가 지금 엄연히 조사 중에 있는 것을 알고 있었음에도 불구하고, 또한 그 조사 진행이 그날그날 신문에 다 보도되어서 오늘은 누구를 불러갔고, 누가 무엇이라고 말했고, 증인은 누구이고, 그중에서 누구는 나왔고, 누구는 아직 안 나왔고, 이것을 다 알고 있음에도 불구하고…

그래서 이 조사가 지금 전혀 초보 단계에 있는 것을 잘 알고 있음에도 불구하고, 도주의 우려도 없고, 증거인멸을 할래야 할 길도 없는 이 사건을 가지고 이렇게 구속 동의 요청을 내서 하지

않더라도, 지금 해야 할 일이 태산 같은데, 대통령 특명으로써 하라는 국공유 재산 불하 문제 수사는 지지부진하면서, 안 잡아 가더라도 걱정 없는 사람을 잡아가려고 법무부 장관이 와서 저렇게 대기하고 앉았다는 것은 우리로서는 대단히 이해할 수 없고, 용납하기 어려운 문제다, 이렇게 생각하는 것입니다.

그래서 이 문제는 정부로서도 국회의 조사가 끝날 때까지 이러한 구속 동의 요청서를 낸다는 것은 국회에 대해서 그 조사에 지대한 영향을 주고, 또 국회의 조사과정에 유일하고 가장 비중이 큰 증인인 김준연 의원을 구속함으로써 국회가 자유롭고 편리하게 증거 채증을 할 수 없게 만든, 이러한 일종의 방해와 같은 행동을 철회할 용의가 있는지 없는지를 우리가 법무부 장관께 물어 보아야 될 것입니다.

또한, 법무부 장관은 어떤 소신을 가지고, 어떤 판단 하에서 이 20만의 대표이고 그 신분이 정확하고 신원 확실한 사람을 도주 우려가 있다고 판단하는가? 어떤 증거 하에서 증거인멸을 할 수 있다고 생각하는가? 법무부 장관이 역지사지하면 무슨 재주로서 자기가 일단 냈던 성명서… 이래서 각 신문에 보도가 다 되고, 국회 조사위원회의 기록이 보존되어 있고, 검찰 당국에도 이미 가 있을 것이 확고하고, 이런 증거를 민(복기) 법무부 장관이 김준연 씨의 입장이라고 할 것 같으면, 무슨 재주로서 증거인멸을 할 수 있다, 이러한 막연한 판단을 가지고 적어도 일국의 대의사^{代議士}를, 일국의 국회의원을 구속 동의 요청을 한다는 것은 언어도단 아닌가…

무슨 방법으로 아까 말씀과 같이 그렇게 엄연히 이미 천하 공지의 사실이 되어 버린 이러한 증거를 무효화할 수 있고, 인멸할 수 있고, 감출 수 있느냐, 이런 것도 우리가 법무부 장관한테 알아보아야 할 것입니다.

또한, 법무부 장관이 정말로 김준연 의원을 구속하려면 내일 저녁이 넘으면 구속을 할 수 있는데, 무엇 때문에 굳이 무슨 저의로 여기에다가 구속 동의 요청서를 냈느냐? 정부의 본때를 야당 사람한테 한번 보여주기 위해서 그런 것을 낸 건가? 혹은 국회를 그만큼 존중하게 생각해서 낸 건가…

만일 정부의 본때를 야당에게 보여주려고 했다 할 것 같으면, 그러한 정부의 본때 정도로 야당이 앞으로 전전긍긍하고 유유낙낙^{唯唯諾諾}(무엇이든지 시키는 대로 함)한다고 판단하는가? 아니면 국회를 존중하기 위해서 하였다고 할 것 같으면, 야당 국회의원 65명이 지금 일치 결속해서 아침 10시부터 지금까지 7시간 여유를 두고 전례 없이 이렇게 반대를 하고, 전례 없이 이렇게 격분을 하고 하는, 이러한 야당 의원들의 사태를 보고 적어도 민주주의를 신봉하고, 소수의 의견을 존중하고, 법무부 장관의 상사로 계시는 박 대통령이 말한바 그 취임사에서 밝힌 대로 평면적인 다수의견을 주장하지 않고, 소수의견에 대해서 관용과 아량과

연설의 정석

이해로서 대하겠다는 이 정부라면, 이와같이 무려 7시간 이상을 두고 반대를 계속하고 있는 이런 사태에 직면해서, 적어도 국회의 체면을 생각해서라도, 또는 좀 더 구체적으로 말하면 야당의 체면을 생각해서라도 법무부 장관은 지금 마땅히 동의요청서를 철회해 가지고 가야 할 것입니다.

아까도 말했지만 그만 정도의 야당의 체면을 세워 주고, 국회의 체면을 세워 주고도 법무부 장관은 기소도 할 수 있고, 내일 이후에는 구속도 할 수 있고, 1심 2심 3심을 걸쳐서 얼마든지 형사적인 소추를 진행시킬 수 있는 것입니다.

더욱이 지금 들려온 말에 의하면 외부의 정세는 우리가 참 촌각을 다툴 정도로 험악합니다. 지금도 연세대학교 학생과 서울대학교 학생 수천 명이 종로5가 근방에서 데모를 하고 있고, 지금 이 시간에 경찰과 충돌까지 일으켰다고 그럽니다.

우리가 지금 일치해서 여야가 정국을 안정시키려고 노력하더라도 저러한 사태가 가라앉을까 말까 하는 상태인데, 여기에다가 불을 지른 격으로, 학생들이 주장하는 것은 '한·일회담 저자세 반대', '김 아무개 제명하라' 등속의 사태인데, 타당성 여부는 막론하고 그런 학생들의 감정과 일치된 방향으로, 또는 일치된 방향이라고 믿고 발언해 온 김준연 의원을… 조금 있으면 의사당 앞에도 오겠지요.

그 보는 눈앞에서 우리가 지금 구속해서 보내는 것이, 저들 앞에서 보내는 것이 과연 정말로 국가운명을 생각하는, 정말로 지각 있는, 정말로 문제를 슬기롭게 다루려고 하는 정부의 태도냐, 또는 국회의 태도냐, 또는 여당의 태도냐, 이것을 우리가 생각해야 할 것입니다.

여기에서 우리는 여야가 있습니다. 그렇지만 이 나라의 안정을 바라고, 이 나라 국체의 영원무궁한 존속을 바라는 심경은 여러분이나 우리나 마찬가지일 것입니다.

그러나 해방 이후 적어도 4·19 이후 계속된 사태는 우리들의 소원과 우리들의 희망과는 거리가 먼 방향으로 한 발 한 발, 때로는 열 발 스무 발 달려가고 있습니다. 이것은 어떠한 사람도 부인하지 못할 것입니다.

여러분이나 우리나 오늘 국회에 나왔으니까 오늘 하루 국회의원 했구나, 한 달이 지나면 이 달도 해 먹었구나, 이런 참 안정되지 못한 상태에 있는 것도 사실입니다.

내가 지난번에도 그런 말 한 일이 있습니다. 과거의 국회의원은 당선되어 가지고 올라오면 제일 먼저 가슴에 뱃지 달고, 그 다음에 자기 자동차에다가 '국회'라고 써 붙이고 마크 달았습니다.

그러나 지금은 어느 국회의원도 자기 자동차에다가 '국회'라는 마크를 달려고 하는 사람 보지 못했습니다. 이것은 누가 하지 말라고 못 하게 한 것도 아니고, 무슨 규칙으로 못 하게 된 것도 아닙니다.

그러나 이렇게 안 하게 된 것도 우리의 주위가 이미 그만큼 살벌해지고, 이미 그만큼 우리의 주위가 우리로 하여금 국회라는 것을 버젓이 내세우기가 괴로운 입장에 있는 것입니다.

마크를 달고 다방에 들어갔을 때, 우리를 보는 눈초리 중에서는 어떤 사람은 호기심, 혹은 어떤 사람은 동경으로도 보지만, 어떤 사람은 싸늘한 눈초리로 보는 것도 사실입니다. 이러한 냉랭하고 침울하고, 뭔가 태풍의 전야 같은 험산險山한 이러한 분위기를 우리가 바로잡으려면, 뭐라 해도 학생들을 설득하고, 학생들 앞에 나가기 전에 여기 있는 의사당에서 우리 175명이 그래도 화목을 해야 할 것입니다. 175명이 서로 아끼고, 우리 175명이 서로 나라를 위해서 무릎을 맞대고 걱정하는 이런 자세가 있어야 될 것입니다.

내가 지난 1월에 국회의원에 당선되어서 야당 의원 어느 분과 같이 김종필 의원을 만난 일이 있습니다. 그때 내가 김종필 의원에게 그런 말을 했습니다.

"만일 당신들이, 여당이 어떤 권력을 가지고 우리를 내리누르려고 하거나, 어떤 금력을 가지고 유혹하려고 할 때는 뼈가 가루가 되고 처자식이 노두걸식路頭乞食을 하더라도 안 넘어가겠다. 그러나 당신들이 정말로 국사를 위해서 올바른 일을 하고, 올바른 일을 하다가 어려운 경우에는 무릎을 맞대고 상의하면, 적어도 나는 내가 공화당을 위하거나 박정희 씨를 위하거나 김종필 씨를 위해서가 아니라, 대한민국을 위해서 제3공화국을 위해서 나는 협력할 용의가 있다. 그러나 만일에 어떤 금전을 갖고 매수를 하려고 할 때에는 나뿐 아니라 우리 야당 국회의원 65명이 가루가 되더라도 그런 것에 응하지 않을 것이요. 그러니 내가 당신들께 말하고자 하는 것은 우리가 일본의 예를 보더라도 일본 덕천德川(도쿠가와) 막부幕府 말기에 일본의 강호성江戸城(에도성)을 공격할 때에 서향융성西郷隆盛(사이고 다카모리)이라는 사람은 관군이고, 승해주勝海舟(가쓰 가이슈)는 막부군, 말하자면 적군이지만…"

의장 이효상

다시 한 말씀 드리겠습니다. 시간이 너무 경과되었습니다.

대개 하신 말씀이 자세히는 모르겠습니다마는, 그만하면 충분하다고 생각이 되는데…

(소성)

빨리 끝을 내주시면 좋으리라고 생각됩니다.

하나 묻겠습니다. 앞으로… 지금 5시 25분인데요, 앞으로 한 15분 이내로 끝을 맺으실 수 없겠나요? 그렇게 해 주시기 바랍니다.

연설의 정석

김대중 의원

　(계속) 의장에게 거듭 주의를 받아서 대단히 송구스럽게 생각합니다. 제가 평소에 존경하고 또 가장 공정하신 의장께서는 본 의원이 또는 본 의원과… 이 본 의원이 어찌해서 이렇게 긴 제안 설명을 하고 있는지 그 진의를 잘 양찰諒察하실 것으로 믿습니다.

　또 의장께서는, 지금까지 공정하게 의사를 집행해 온 의장께서는 지금 야당 의원들이 이 의장이 의사 진행을 어떻게 취급해 주기를 바라고 있는가, 잘 알고 계실 것으로 믿습니다.

　그러니까 의장께서 지금까지 여야의 체면을 세워서 우리의 반대를 무릅쓰고 오후 속개를 해서 이만큼 의사 진행을 해 왔으니까, 이번에는 의장께서 야당 의견을 존중해 주시면 본 의원은 15분은 고사하고 1분반이라도 끊을 수 있다고 이렇게 생각을 하고 있습니다.

　그 점에 대해서 의장께서 죄송한 말씀이지만 조금 의사 표시가 계셨으면 감사하겠습니다.

　("의장! 직권 쓰시오!" 하는 이 있음)

　("의장! 발언하시오!" 하는 이 있음)

의장 이효상

　김대중 의원이 하신 말씀이 나와 아무 관계는 없을 것입니다.

그 결론을 빨리 내주시기를 바랍니다.

김대중 의원

(계속) 의장께서 지금 말씀이, 제가 여쭌 말씀을 실질적으로 거부를 하셨습니다. 그렇다면 저도 본의는 아니올시다마는, 의장께서도 제 결론이 약간 늦어진 것을 양해해 주시기 바랍니다.

아까 말씀 도중이라서 부득이 그 말씀이 의제 하고는 달라질는지도 모르지만, 말씀을 해야 하겠습니다. 그 당시 서향융성과 승해주는…

(소성)

그것은 고유명사니까 일본말로 그대로 부른 것입니다. 서로 무릎을 맞대고 나라 운명을 걱정하고, 서로 상대방의 마음속에 믿음을 갖고 대했기 때문에 그 당시 지금의 동경 강호성을 병화兵禍로부터 구했다는 것입니다.

그러면 지금 우리는 그 당시와 같이 서로 피를 피로 씻는 전쟁을 하고 있는 것도 아니고, 같은 의사당 내에서 이렇게 서로 앉아서 악수를 교환하고 말을 주고받는 이 처지에 있어서 우리가 이 문제 하나를 가지고 서로 해결을 못 한다고 할 것 같으면 앞으로 이 국사를… 무슨 일을 타개할 수 있겠느냐? 이런 것을 본

연설의 정석

의원은 생각하게 되는 것입니다.

또한, 제가 우리가 법무부 장관을 불러서 물어보아야 한다, 이런 것은 어느 나라든지 다 같이 국민은 똑같은 국민이지만, 그래도 그 건국의 연원, 건국의 정신으로 봐서 국가가 특별히 대우해야 할 분이 있고, 그렇기 때문에 국가는 유공자로서 표창도 하고, 혹은 훈장도 주고, 특별한 은전도 주는 것입니다.

낭산 김준연 의원으로 말할 것 같으면 이 나라를 일제로부터 해방시킨 데에, 민족정기를 보존해 온 데에 그 상징적인 인물로서 생존한 사람 중에 그리 많지 않은 사람 중의 한 분입니다.

그러면 우리가 민족의 얼을, 민족의 정신을 보존하는 데 있어서, 이러한 반일투쟁의 역사와 공훈이 혁혁한 사람을 함부로 구속하고, 함부로 가두고 이렇게 하는 것이 이 나라를 위해서 정당한 일이며, 또한 대한민국 임시정부, 상해와 남경과 중경을 전전하며 반일투쟁을 한 그 임시정부의 정신적 전통을 계승해서 수립된 이 대한민국의 정부로서 이러한 반일투쟁의 대선배를, 그렇지 않고도 할 방법이 있는데 구속할 수 있는 것이… 구속한다는 것이 타당한 일이냐, 이런 것도 우리가 법무부 장관에게 물어봐야 할 것입니다.

또한, 5·16혁명은 과거부터 그랬지만, 반공을 국시로 한다고 그랬습니다. 반공을 국시로 한다? 본 의원의 견해로서는 국시라는 것은 긍정적인 것을 말하기 때문에 반대하는 네거티브negative

한 것이 국시가 되기는 어렵다는 견해를 가지고 있습니다마는, 여하튼 그런 정도로 반공을 강조한 군사정부의 그 전통을 인계받은 제3공화국의 박정희 정권이, 우리나라에서 반공이라고 하면 아무리 고르고 또 골라도, 또는 장님이 세더라도, 누가 세더라도 다섯 손가락 이내에 들어갈 정도의 철저한 반공을 해 온 그런 인물을…

말하자면 5·16혁명을, 반공을 국시로 하는 그 혁명이 반공의 입장에서 했다고만 가정한다면, 다른 혁명공약은 제쳐놓고 그 조항만으로 볼 때는 그 조항의 상징적인 인물이라고 볼 수 있는 낭산 김준연 의원을, 아까 말씀과 같이 구속 안 하고도 해결할 방법이 얼마든지 있는데, 굳이 이렇게 구속을 해야만 하는가 하는 것도 우리가 법무부 장관에 대해서 물어봐야 될 것입니다.

또한, 우리가 물어야 할 것은 현 정부는 제3공화국이라고 그럽니다. 그러나 헌법적인 절차와 모든 내용으로 볼 때 이것은 제1공화국으로부터 연연히 넘어온 것입니다. 제3공화국인지, 제2공화국인지 하는 것은 정치적인 용어이고, 법통으로 봐서는 1948년 8월 15일 수립된 그 정부가 그대로 계속되고 있는 것입니다. 다만 행정적인 집권자만 그 시時 그 시時 교체되었을 뿐입니다.

그러면 우리가 다 아시다시피 낭산 김준연 의원은 부산 피난 당시, 제2대 국회 당시에 법무부 장관의 요직을 겪었습니다. 다른 장관도 아니고 민복기 법무부 장관의 선배이고, 아마 내가 과거에 조재천 법무부 장관 시절에 법무부 장관실에 가 본 경험을 보면, 아마 지금도 법무부 장관실에는 김준연 의원의 사진이 걸려 있을 것입니다.

그러면 대한민국 정부의 국무위원으로서, 그것도 같은 법무부 장관으로서 요직을 겸해 온, 역임해 온 김준연 의원을 적어도 대한민국 정부의 권위와 정부의 체면을 생각한다고 할 것 같으면, 비록 그분이 여야는 달리했다고 하더라도 경시하니 구속할 수 없는 것이 아니냐? 더군다나 김준연 의원은 아까도 말씀하다시피 도주의 우려도 없고 증거인멸의 우려도 전연 없습니다.

그러면 이러한 반일투쟁의 대선배요, 반공 투쟁의 상징적 인물이요, 대한민국 건국의 공로자로 대한민국 정부의 국무위원과 각료를 역임한 분이요, 이런 사람을 어째서 구태여 구속해야 하는가, 이것을 우리가 알아보아야 할 것입니다.

또한, 김준연 의원은 아까도 말씀하다시피 5선을 역임했습니다. 전남 영암, 이번에는 강진까지 포함해서 나왔습니다마는 5선 국회의원이에요. 제가 알기에는 이 의사당에 있어서 잘 기억을… 모르겠습니다마는, 김준연 의원 홍익표[26] 의원, 김익기[27] 의원, 아마 5선 의원은 불과 3, 4명에 지나지 않을 것입니다. 정일형[28] 의원 아마 이렇게 해서 3, 4명 정도로 저는 기억을 하고 있습니다.

이것은 우리 국회로 볼 때 그만큼 계속적으로 국민의 신임을 받아온 존경할 만한 분이요, 저 같은 후배 의원으로 볼 때는 그 당선횟수가 많아서 선배가 아니라, 그것만이 아니라 국민의 신임을 그렇게 계속적으로 받았다는 데 있어서 비록 현재는 같은 국회의원이지만, 그 점에 있어서 우리가 존경을 금할 수 없는 것입니다.

그러면 10만 선량選良, 20만 선량으로서 다섯 번이나 신임을 받은 이런 분을, 우리가 헌정의 존엄성을 생각하고 국회의 존엄성을 생각한다고 할 것 같으면 그렇게 함부로 구속할 수 있는 문제이냐, 하는 것을 우리는 정부 당국자에 대해서 물어보지 않을 수 없습니다.

또한, 여러분이 아시다시피 낭산 김준연 의원은 현재 자유민주당29의 최고위원직에 있습니다. 그러면 지금 자유민주당으로 말할 것 같으면 원내에 아홉 분의 의석을 가지고 있고, 또 지난번 선거에서 100만 표 내외의 국민의 지지를 받았고, 전국에 적어도 육칠십 개 이상의 지구당부를 가지고 있고, 이런 우리나라의 등록된 12개의 정당에서 본다고 할 것 같으면, 그 순위가 다섯째 이내로 들어가는 정당인 것입니다.

그러면 헌법에 정당정치의 조항을 전례 없이 삽입하고, 또한 전례 없이 정당법을 만들고, 이렇게 해서 정당 육성을 국민 앞에 공약하고 법적 체제를 갖춘 현 정부가, 당원 수는 자세히 기억하지 못합니다마는, 창당준비위원회가 결당된 것까지 합치면 100개의 당부가 된다고 하더라도, 적어도 기만 명의 당원을 대표하는

연설의 정석

100만 국민의 지지를 받은 정당을 대표하는 입장에 있는 그 사람을…

일개 국회의원이라고 하더라도, 정당의 대표적인 위치에 있지 않은 저 같은 일개 국회의원이라고 하더라도 함부로 취급하지 못할 것인데, 자유민주당의 대표최고위원도 하셨고, 또 지금 현재도 최고위원이고, 이런 분을 이렇게 왈 정당정치를 한다고 하는 이 정부가 함부로 구속할 수 있느냐?

아까도 말씀하다시피 도주의 우려도 없고, 증거인멸의 우려도 없고, 있을 래야 있을 수도 없고, 이것은 비단 김준연 의원뿐 아니라 자유민주당 전체에 대한 모독이요, 멸시요, 탄압이요, 이런 것이 아니냐? 이런 점도 우리가 법무부 장관한테 물어볼 수밖에 없습니다.

제가 여기서 또한 법무부 장관에 대해서 물어야 할 것은, 아까도 말했지만 지금까지 박 정권을 비난한 원외 발언은 수없이 있었습니다. 그중에 박 정권으로부터, 혹은 공화당으로부터 전연 근거 없다고 맹렬한 반박을 받고, 근거 유무는 모르지만 그 후로 근거 제시도 갖지 않고 흐지부지된 사건도 많습니다.

아까도 말씀하다시피, 박정희 장군이 과거에 여순반란사건에 관계되었다느니, 또는 좌익에 관계되었다느니 등등은 선거 기간 중에 전국 도처에서 입에 오르내렸습니다. 이것에 대해서는 공화당이나 박 의장 자신이 누차에 걸쳐서 단호히 부인하고, 선거

기간 중은 선거의 자유 분위기를 위해서 참지만, 선거만 끝나고 나면 철저히 뿌리를 뽑겠다고 말했습니다.

우리는 지난번에 조재천[30] 의원께서 대정부 질문할 때도 말했습니다마는, 다른 의미에서 그것이 철저히 뿌리 뽑아지기를 기대했습니다. 그것은 야당이 거짓말했다고 해서 잡아내라, 탄압해라 하는 그런 의미가 아니라, 일국의 대통령으로서 국가의 원수로 집권한 분의 그러한 말이 있으니 여하튼 그 풍설이든 거짓말이든 간에 이것을 철저히 밝혀서 국민으로 하여금 한 사람도, 이것이 다른 문제도 아니고 사상에 관련된 문제이니까 의혹이 없도록 의심이 없도록 하자…

의장 이효상

잠깐 미안합니다. 아까 내가 말씀드리기를 15분이라고 했습니다. 15분 이내에 결론을 내주십사 했는데, 그런 것에 대해서 그것은 물론 제가 일방적으로 말씀한 것이올시다. 그러나 15분이 되었기 때문에 다시 한 번 촉구합니다.

곧 끝날는지, 그렇지 아니하면 김대중 의원 같은 훌륭한 의원께서 어떠한 계획이 있을 게 아닙니까? 앞으로 시간이 얼마나 더 걸릴는지 무작정하고 하실 것은… 저는 그렇게 생각이 되지 않습니다.

의사 진행 여러 가지 관계도 있고 해서, 지금 가급적 빨리 결론을 내려주시면 좋겠고, 또 그 내용을 보더라도 너무나 광범위하고, 또 국회법에 저촉되어서 반드시 의사일정 변경 동의에 관계되지 않는 것도 많이 있습니다.

그러므로 해서 지금 태도를 좀 밝혀주시면 의사 진행에 참고가 되겠습니다.

김대중 의원

(계속) 제가 의장으로부터 누차 주의를 받습니다. 저는 의장께서 저의 발언한 데 대해서 주의를 환기하고, 혹은 또 잘못된 점을 지적하신 점을 감수합니다.

그 반면에 본 의원이 생각하기로는 의장께서는 이 문제하고는 달리 어째서 김준연 의원 구속 동의에 관한 문제에 한해서만 이렇게 시간을 연장, 연장, 연장, 한없이 연장해 가면서, 말하자면 이 야간 국회까지도 끌고 가려고 하는지, 그 진의와 또는 의장의 공정성에 대해서 대단히 죄송한 말씀이지마는, 약간의 의아가 없지 않습니다.

의장께서는 종전의 전례로 볼 것 같으면 이 사람뿐 아니라 20명, 30명이 발언신청이 있는 대정부 질의에서도 여기에서 대개 시간 연장을 할 때는 30분, 1시간 이런 식으로 해 가지고, 지나면 또 여러분들의 양해를 구해서 30분, 1시간 이렇게 연장을 했습니다.

그러나 오늘 이 문제는 제안 설명이 본 의원 하나뿐인데, 이것을 아까 취급하신 것을 보니까 이 발언이 끝날 때까지 시간을 연장한다, 이렇게 말씀하셨습니다. 그거는 제가, 이거는 곡해를 하는지, 혹은 제가 존경하는 의장께 대해서 이런 말씀을 하면은 인격적으로 대단히 죄송한 말씀입니다마는, 네가 말하는 저의는 내가 아는데, 어디 네가 몇 시간 하다가 지치나 보자, 네가 그러니 이건 시간을 정하지 않고 너 지칠 때까지 두고 볼 테다, 아마 이렇게도 제가 어리석은 생각으로, 혹은 또 나이 어린 소치로 곡해인지 모르겠습니다마는, 생각도 듭니다.

그래서 제가 지금까지 의장의 의사 취급방법에 대해서는, 거의 참 그 공정성에 대해서 한 번도 의심해 본 일이 없는데, 불행히도 오늘 본 의원이 여기 올라온 이 문제에 한해서는 의장의 의사 취급의 공정성에 대해서 본 의원은, 편견인지도 모르지마는, 대단히 유감스럽게 생각 안 할 수 없습니다.

의장께서 적어도 이것이 정상적인 개회시간에 하고 있는 것도 아니고, 이것이 말하자면 지금 오후 5시가 넘어서 6시 15분 전인데 전례 없이 이런 회의를 하고 있음에도 불구하고 의장이 취급하는, 오후 1시보다도 5시가 넘은 이 판에 의장이 취급하는 시간제한은 안 하고, 본 의원이 발언한 시간제한만을 하라고 요구하는 것은, 이것은 본 의원으로서는 납득하기 어렵습니다.

그래서 본 의원 개인으로서는 의장에 대해서 죄송한 생각도 있고, 경의를 가지고 있습니다마는, 의장님께서는 제가 어째서

연설의 정석

이렇게 이 제안 설명을 길게 하는지 잘 아실 것입니다. 또 의장님께서 네가 한번… 그런 의도는 아니시라면 더욱 다행입니다마는, 어디 네 힘닿는 데까지 해 보아라, 하다하다 너 지치면 못 하겠지, 이렇게 생각하시면 제가 12시까지 해 보겠습니다.

이래서 여하튼 저로서는 여기서 하다가 쓰러지면 좋습니다. 쓰러지는 대로 하는 거고, 나는 의장에 대해서 저 자신의 발언을 단축해서 하라고 말씀하기 전에, 의장께서 도대체 이 회의를 몇 시까지 끌고 가실 작정인지, 그것 먼저 말씀해 주면 그것에 알맞게 제가 시간을 정하겠습니다. 그거 좀 답변해 주기 바랍니다.

의장 이효상

지금 일문일답식으로, 대단히 남 보기에 부끄럽게 되었습니다. 그러나 지금 김대중 의원께서 하시는 말씀 두 가지에 대해서 아마 오해가 계신 모양이올시다.

오늘 시간이 이렇게 연장이 되어서 오후 6시 가까이까지 본회의를 진행하고 있는 것을 의장이 혼자 마음대로 결정한 것같이 말씀을 하시는데, 결코 그런 것이 아니올시다.

오늘 아침 여러분 다 아시는 바와 같이 오전 10시에 30분 연장을 했습니다. 또다시 30분 연장을 했습니다. 또다시 30분 연장을 했습니다. 또다시 1시간, 1시간, 1시간씩 연장을 해서 이렇게 된 것이요, 그것은 그때마다 총의로써 결정된 것이올시다. 그러니까 김대중 의원이 생각하시는 거와는 사실이 다른 것이올시다.

그다음에 또 한 가지, 아까 내가 시간 연장을 선포할 때에 의 사일정 변경 동의가 처리될 때까지 시간 연장을 하고, 그다음에 는 다시 여러분의 총의를 묻겠다, 하는 조건을 붙여서 했습니다. 그런데 그것을 김대중 의원 발언까지 이렇게 들으셨으니까, 그것 이 또 오해라고 생각됩니다.

오늘 밤 몇 시까지 할 것이냐, 하는 이 질문은 지금 제가 미 리 예정할 도리가 없습니다. 김대중 의원께서 빨리 끝을 내주시 면 의사 진행은 빨리 될 것이요, 그렇지 않으면 언제 갈지 모르 겠습니다.

(소성)

아까 내가 끝으로 물은 말씀에 대해서… 잠깐 10분 동안 정 회를 선언하겠습니다.

(오후 5시 47분 회의중지)

(오후 6시 25분 계속 개의)

의장 이효상

착석해 주시기 바랍니다. 다시 속개하기를 선포합니다.

연설의 정석

("밥 먹고 합시다!" 하는 이 있음)

의원 발언시간 제한 및 의사일정 변경에 관한 건 ···

(오후 6시 26분)

의장 **이효상**

이제 그 문제에 대해서 제 소견을 말씀드리고 여러분의 의견을 묻겠습니다.

앞으로 김대중 의원이 발언을 계속하셔야 될 줄로 생각합니다. 그런데 아까 김대중 의원과 저와의 문답에서 나타난 바와 같이 뚜렷한 계획이 없으신 모양인데, 그렇다고 하면 과연 몇 시간이라도 계속할 것인가… 나는 의사 진행상 그렇게 할 수는 없다고 생각합니다. 그러므로 김대중 의원에게 앞으로 7시까지 언권言權을 드리고, 그다음에 여러분의 의견에 따라서 식사시간을 정할까 합니다.

부득이 찬반양론이 있는 모양이라서 제가 그러한 것을 발의해 가지고 여러분에게 가부를 묻겠습니다.

("밥 먹고 합시다!" 하는 이 있음)

("가부를 물어요!" 하는 이 있음)

(장내 소연)

'가'하신 분⋯ 제자리에 앉아 주십시오.

모두 모두 제자리에 앉아 주십시오.

'가'하신 분⋯

("어떻게 가부를 물어요?" 하는 이 있음)

다시 한번 말씀드리겠습니다.

이제 속개가 되지 않았습니까?

김대중 의원에게 계속해서 발언권을 드립니다. 그런데 무작정하고 드릴 수 없으니까 7시까지 언권을 드리겠습니다.

(장내 소연)

그 뒤에⋯

("식사하고 합시다!" 하는 이 있음)

그러니까 지금 가부를 묻는다는 것이 아닙니까? 식사에 관해서는 그 뒤에 다시 여러분의 의사를 묻겠습니다.

지금 우리가 결정할 것은 김대중 의원에게 7시까지 언권을 드린다는 거기에⋯

연설의 정석

("뭐요?" 하는 이 있음)

찬부를 묻습니다.

("뭐요?" 하는 이 있음)

(장내 소연)

(기립 표결)

("몇 조에 있어요? 국회법 몇 조에 있어요?" 하는 이 있음)

재석 129명 중 '가'가 79표, '부'는 없습니다. 그래서 가결된 것을 선포합니다.

김대중 의원, 나와서 계속해서 발언해 주시기 바랍니다. 7시까지입니다.

김대중 의원

의장께서 이 발언 문제에 대해서 표결하셨는데, 본 의원은 물론 의장을 존경하고 의장의 그 지시에 우리가 복종할 의무는 있습니다. 그러나 그것은 어디까지든지 법적 근거 하에서 이루어져야지, 법적 근거 없이 덮어놓고 원의라고만 해 가지고 결정한 데에 대해서는 승복할 수 없습니다.

그러므로 의장께서는 구체적으로 국회법 어느 조항에 의해서 발언 도중에 있는 사람의 언권을 제한했는지, 거기에 대해서 본 의원은 알 수가 없습니다. 또 설명도 없고, 그러니까 의장이 그것을 설명을 해서 납득이 되면 좋고, 그렇지 않으면 본 의원이 알기로는 제헌국회에서도 발언을 사흘 나흘 한 예도 있습니다.

이것은 야당으로서의 단 하나의 최후의 발악이라고도 볼 수 있고, 단 하나의 우리의 생존의 길이라고도 할 수 있습니다.

그런데 평소에 그렇지 않던 의장이 오늘은 편파적으로 모든 것을 진행시키고, 그래 가지고 이같이 의원이 단상에 올라와서 발언하고 있는데, 다른 것은 시간 다 제한하고 식사시간도 주던 것을, 오늘은 그런 시간도 주지 않고 마치 나를 지금 고문하는 것같이 취급하고 있는데, 본 의원으로서는 개인적으로는 의장에 대해서 미안하지만, 그런 식의 의사 취급에 대해서는 승복할 수 없습니다.

그러니까 의장께서 저에 대해서 그렇게 발언을 제한한 것은 저는 이유 없다고 이렇게 생각하고 있습니다.

("뭐야?" 하는 이 있음)

(장내 소연)

("국회법 93조[31]를 봐요. 잘 읽어 봐요. 의장이 그렇게 하는 법이 어디 있어?" 의석에서 – 진형하[32] 의원)

연설의 정석

여러분이 지금 들으시다시피 의장께서 이 문제에 대해서 하등의 법적 근거에 대해서 설명이 없었습니다. 그러므로 본 의원은 국회의원으로서 정당하게 본 의원이 가지고 있는 발언권을 시간제한 없이 행사하겠습니다.

다만 한 가지, 본 의원은 의장의 권위와 의사 진행에 대해서 협력하는 의미에서 본 의원이 여기 나와서 지금 발언하는 것은 의사일정 변경에 대한 제안 설명입니다.

그러므로 만일 의장이 아까부터 그렇게 열심히 수고하신 대로 이 의사를 빨리빨리 진행시킬 의사가 있다고 할 것 같으면, 본 의원은 7시까지는 고사하고 지금 당장에라도 의장이 한 가지만 승낙하면 발언을 그만둘 수 있습니다.

그것은 무엇이냐 하면, 아까도 말씀하다시피 우리가 이 국회의원 구속 동의 요청문제에 있어서 먼저 정부에 대해서 충분한 질문을 하자, 그 질문에 어떠어떠한 것을 해야 한다는 것은 본 의원이 이 취지로 말했습니다. 그러니까 그 질문하는 문제를 의장께서 직권으로 하든지, 원의에 물으시든지, 의사일정 제2항에 앞서서 변경을 해 주신다고 할 것 같으면, 본 의원은 동의에 대한 제안 설명은 단 지금이라도 끝내고 내려갈 용의가 있습니다.

그러니까 의장께서는 일방적으로 본 의원에 대해서만, 그러한 본 의원 생각에 느끼기로는 편파적인 그런 의사 진행을 강행하시지 말고, 우리들 야당 의원들 전체 의사도 존중해서 법무부

與=七·野=五比率로 構成

金議員發言 員相調査委 本會議서 激論끝에 議決

國會 本會議

金鍾

장관에 대해서 질문하자, 사람 구속하고 난 뒤에 질문을 하면 무엇합니까? 구속하기 전에 물을 건 물어봐야지, 구속하고 난 뒤에 질문해 봤자 사후 약방문 격입니다.

그러므로 그런 방향으로 해 주신다고 할 것 같으면 의장이 원하시는 의사 진행을 능률화 하는, 의장이 지금 저한테 허용하신 7시 보담 더 빠른 시간 내에 해결할 수 있다, 본 의원은 이렇게 생각하고 있습니다.

이것은 제가 의장께 이 마이크를 통해서 요청하고, 본 의원은 아까 하던 것을 계속하겠습니다.

아까 본 의원이 창랑 장택상 씨가 김준연 의원에 대해서 1억 3천만 불 수수, 이 문제를 논의할 때 성명서를 기안했다는 그런 말이 있습니다.

그런데 창랑 장택상 씨 성명서, 그것은 여기에 제가 가지고 있기 때문에 그분이 기안했다는 성명서를 낭독하겠습니다. 그것은 지금 들어보시면 알지마는, 대단히 명문장으로 되어 있고, 애국충정에 넘쳐흘러 있습니다.

그분이, 본 성명서를 기초하신 분이 어떻게 되어서 지금은 말씀이 바꾸어졌는지 모르겠습니다마는, 여하튼 제가 읽어 보겠습니다.

선언…

의장 이효상

잠깐 계세요. 잠깐 계세요.

김대중 의원

(계속) 개문開門 영적迎敵 하는……

의장 이효상

지금 저한테 몇 가지 물으시지 않았어요? 거기에 대한 답변 들으시지 아니하고…

김대중 의원

(계속) 네, 그렇게 하겠습니다.

의장 이효상

지금 제가 대답하겠습니다.

자꾸 오해가 계신 모양인데, 어찌해서 어떠한 국회법에 의거해서 발언 시간을 제한했느냐, 이 질문이신데, 그것은 국회법 제97조[33]에 있습니다.

("93조를 봐요!" 하는 이 많음)

(장내 소연)

연설의 정석

잠깐 기다리십시오. 기다려 주십시오.

발언시간은 국회 의결로 제한할 수 있다, 그렇기 때문에 아까 최초에…

그러니까 다음에… 조금 기다려 주십시오. 다음에 여기에 대해서 반대할 수 있는 것은 국회법 제93조올시다.

"발언은 그 도중에 다른 의원의 발언에 의하여 정지되지 아니하며, 산회 또는 회의의 중지로 발언을 마치지 못한 때에는 다시 그 의사가 개시되면 의장은 먼저 발언을 계속하게 한다."

그래서 발언을 계속하게 했습니다. 그러나 시간을 제한할 수 있는 것은 97조에 의해서…

(장내 소연)

그다음에 또 한 가지 문제는 지금이라도 의사일정 변경 동의를 논의해 주신다면, 혹은 가결시켜 주신다면 여기에 제안 설명을 그칠 수 있다, 이런 말씀인데, 그것은 제가 말씀을 드리면 거꾸로 올시다.

지금이라도 마쳐 주시면 의사일정 변경 동의를 처리하겠습니다. 그것을 하기 위해서 기다리고 있습니다.

("옳소!" 하는 이 있음)

그러니까 7시까지, 제가 아까 말씀드린 것은 저로 보아서는 틀림없이 합법적이라고 생각합니다.

(장내 소연)

김대중 의원

(계속) 의장께서 설명을 하셨습니다. 설명을 하셨는데, 본 의원으로서는 역시 납득이 가지 않습니다. 지금이라도 저의 제안 설명이 끝나면 원의에 묻겠다고 말씀하셨습니다.

물론 그것은 의장께서 설명하지 않더라도, 저도 비록 국회의원의 생활은 연천年淺합니다마는, 그쯤 정도의 의사 진행법은 저도 알고 있습니다. 다만 오늘은 전례 없이 의장께서 이와 같이, 말하자면 야당 의원들의 의사를 전면적으로 무시하고 이래 가지고 전례 없는 야간 국회까지 끌고 가는…

(장내 소연)

여러분들이 아무리 말씀해도 발언권은 내게 있습니다.

끌고 가는 이러한 의장의 의사 진행 태도이기 때문에 사전

보장을 받자는 것입니다.

평상시와 같이 정상적으로 개의하고, 정상적으로 산회하고, 또 과거와 같이 야당 의원들의 의사를 존중하는 방향으로 의장이 공정하게 의사를 운영하고 있다고 할 것 같으면 본 의원이 구태여 그러한 실례가 될 것을 알면서도 사전보장을 받자고는 안 할 것입니다.

그러나 이것은 우리가 털어놓고, 얘기가 지금 제 발언만 끝나면 정부의 제안 설명 한 5분 듣고 그다음은 다 아는 것 아닙니까?

그러니까 나로서는 이런 문제에 있어서 평상시와 달리 의장이 특별히 이 문제만은 이렇게 연장에 연장까지 거듭하고, 의원들의 식사시간까지도 허용치 않고, 이렇게 해서 하신 태도에 대해서, 또한 아까 발언할 때까지 하등의 말이 없이 의장이 저한테 대해서, 발언 시간에 대해서 제한이 없는 걸로 여러분이 다 아시다시피 몇 시까지 할 작정이요? 이렇게까지 물어놓고, 이제 와서 다시 7시까지 제한하는 등속으로 이렇게, 말하자면 의장의 의사 진행 방법을 아까 하고 지금 하고 바꾸는 이런 태도에 대해서 제가 불만이 있는 것입니다.

그렇다면, 97조에 의해서 발언 시간을 제한할 수 있다고 할 것 같으면, 물론 여기에는 시간 도중이란 말도 없고, 발언 도중이란 말도 없고, 발언 전이란 말도 없으니까 이대로 하면 귀걸이 코걸이 식으로 언제든지 할 수 있다고 할 수 있을는지 모르지만, 여기에는 발언 도중 또는 발언 전후의 얘기는 없습니다.

그러나 적어도 93조에는 발언 도중에는 못 한다고 되어 있습니다. 93조에는 못 한다고 되어 있어! 다만 이 정신에 볼 때 발언 전에 원의에 의해서 결정한다든가, 또는 98조 1항의 규정에 의해서 운영위원회에서 사전에 인원수라든가 시간을 제한한다고 할 때는 그것은 복종해야 할 것입니다.

그러나 적어도 일단 발언권을 주어놓고, 그래 가지고 도중에 말이지, 도중에 이것을 제한한다는 것은 법률적으로 볼 때, 본인이 의장으로부터 발언권을 받을 때 무제한 발언권을 허용을 받은 것입니다. 이것은 본 의원의 기득권에 대한 침해인 것입니다.

그렇기 때문에 본 의원으로서는 의장의 그런 취급은 의원의 기득권에 대한 침해로써 이렇게 간주를 하고, 본 의원으로는 그것은 의장께서 이 법에 대한 착각을 하고 계신 것이다, 이렇게밖에 생각할 수 없습니다.

그리고 아까 말씀과 같이, 제가 여러분께 소개하려고 하는 이 선언문을 계속 낭독하겠습니다. 이것이 장택상 씨가 기초한 선언문의 초안입니다.

"개문開門 영적迎敵하는 도당들은 들거라.

우리들은 반세기 동안 일본 제국주의자들과 싸우다 쓰러진 선열들의 뒤를 이어 죽음을 각오하고 소위 한일회담이라는 미명 아래 국가와 민족의 생명선인 평화선과 기타 권익을 일본의 독아毒牙

속으로 몰아넣으려는 현 정부 수뇌부 몇몇 사람과 이들의 배후에서 이를 조종하는 김종필 공화당 의장이 국민의 여론을 무시하고 방자하게도 일본에다가 우리의 혈세로 얻은 모든 권익을 무궤도하게 양여 하려는 그 음모를 분쇄하기 위하여 우리들은 이날 이 자리에 모여 엄숙히 정부 당국에 좌와 여한 우리들의 결의와 태도를 선언한다.

1. 대통령 박정희 장군은 한일회담을 즉각 중지할 것을 소관 부처에 하명하고 먼저 김·오히라大平 비밀회담의 내막을 하나도 빠짐없이 공개하라.
2. 박정희 대통령은 세칭 3억 불 중 선도금으로 1억 기천만 불을 일본으로부터 받아왔다는 풍설風說의 진가眞假를 밝히라.
3. 박정희 대통령은 박·러스크 회담의 한·일 문제에 있어 합의되었다고 보도된 '모종 중대 사실'은 도대체 무엇인가 공개하라.
4. 박정희 대통령은 어째서 세칭 '옥좌 뒤에 앉은 인물'로 자타가 공인하는 김종필 대령이 대일교섭의 주역으로 총지휘하지 아니하면 아니 될 이유가 어디 있는가 밝히라.

이상 질문에 박정희 장군은 성의 있는 회답을 할 것이고, 만일 그렇지 않으면 우리들은 죽음으로써 이에 대항할 것이며, 법의 저촉 여하를 불구하고 국민과 함께 반일투쟁의 깃발 밑에 국민운동을 전개하고 사투할 것을 만천하에 선언한다.

우리들은 아울러 전 국민에게 다음과 같은 약속을 호소한다.
현 정부 당국자들이 우리들의 요구를 듣지 않고 치욕적인 한·일 회담을 강행할 경우에는,

첫째로 우리들은 서울특별시를 위시하여 전국 대소 도시와 및 기타 군·면부까지지도 일제히 철시撤市를 감행하여 우리들의 반대 의사를 표시하고,

둘째로 전국 각 도시와 군·면부에까지 국민대회를 개최하고 정부의 반성을 촉구하는 동시에 박정희 대통령의 하야와 정부 내의 한·일 회담의 강행을 지도하는 인물들의 처벌을 요구한다.

국민 여러분, 일본의 죄악상은 천태만상이다.
현대사에 가장 그 중요한 죄악의 몇 가지를 열거하여 보자.

가. 일본은 살인범이다.

이 나라 왕비 민씨를 백주에 궁전에 틈입闖入하여 그 침실로 부터 끄집어내어 전신에 석유를 끼었고 궁내 향원정香遠亭 (경복궁 안에 있는 2층 정자) 밑에서 태워 죽였다.

동경 진재震災 당시 동경에 있는 한국인 수만 명을 죽창으로

연설의 정석

찔러 죽였다. 이것은 한때 조선총독부 정무총감을 지내고 당시 내무대신으로 있던 수야연태랑水野鍊太郎이가 이 학살행위를 직접 총지휘하였다. 이것은 당시 일본신문에 보도되었고, 일본국회까지 말썽이 되었었다.

일본인들은 골수에 살인 근성을 생리적으로 보유한 민족이다.

나. 일본은 납치범이다.

이 나라 8세 나는 왕자를 일본으로 납치하여 가고, 70이 가까운 병객病客으로 오늘날 수족과 언어의 자유를 잃은 채 고국으로 돌아들어 지금 성모병원에 입원하고 있다.

다. 일본은 방화범이다.

기미운동 당시 수원 교외에 있는 기독교회에 일요예배를 보고 있는 교도들에게 문을 잠그고 건물에 휘발유를 끼얹어 신도 100명을 고스란히 소사시켰다.

일본은 제2차 세계대전 당시 우리 청장년 300여만 명을 강제 징발하여 동남아 각지에 끌고 가서 강제노역에 구사驅使하고, 그들의 태반은 병사 혹은 전사하고, 그 나머지는 그림자조차 사라지고 말았다.

일본 내에서 죽은 우리 청장년 수만 명의 해골은 소창小倉 혹은 별부別付의 정부 창고에 짐짝과 같이 그대로 쌓아 놓고 있다.

라. 일본은 강도범이다.

　　일본은 한국점령 당시 경주 불국사에 있는 신라제 칠보석탑
　　을 사찰 승려로부터 강탈하여 일본으로 실어 갔다가 국내
　　외의 반대여론에 부닥쳐 도로 실어 왔다.

이상 궁흉극악窮凶極惡한 죄악을 범하고도 오직 부족함이 있는지 지금
와서도 우리에게 대한 놈들의 태도는 오만불손하고 방약무인 격이다.

국민 여러분, 한·일회담에 있어서 일본이 노리고 있는 것은 그 무
엇입니까? 두말할 것도 없이 평화선입니다.

　　저희들이 이 평화선 영역만 넘어서면 2억이나 5억의 돈은 문제
가 아니다. 이 돈쯤은 1, 2년 안의 어획으로만도 보충할 것이다.
그 반면에 한국정부가 노리고 있는 것은 그 무엇입니까? 이것도
두말할 것도 없이 미국 달러입니다.

　　기억幾億의 재고 달러를 불과 3년이란 짧은 동안에 흐지부지
다 써 재끼고, 수억에 불과한 이 일본 달러에 목이 말라서 우리의
천연자원이요, 국방선인 평화선을 쉽사리 넘겨주어야만 할 것인
가 통곡할 일이다.

　　그리고 또 현 정부는 낭자자浪資者이다. 사법상 준금치산 선언
을 받을 무자격자이다. 군정시대를 위시하여 현 정부 수립될 때까
지 저 소위 정부 요인의 외국 여행 도수度數는 과거 어느 정부 때

보다 10배나 초과하였다.

김종필 공화당 의장 한 사람이 써 재낀 돈만 하여도 막대한 외화 낭비다. 뿐만 아니라 최근에 와서 김현철 전 내각 수반은 무슨 뚜렷한 국가에 공로가 있다고 해서 동부인同夫人하고 세계 일주를 하고 왔는가? 이것은 국민들 사이에, 특히 스코필드 박사까지도 이에 비난을 퍼부었다.

그리고 작금 양년에 걸쳐 증권파동에 먹었다는 돈, 워커힐에 먹었다는 돈은 다 어디로 가고, 미군 군용 트럭까지 훔쳐다가 판 돈이 모 당으로 유입하였다고 미국 측 구두 항의로 인하여 부산지방검찰청이 조사에 착수하고 있다고 시내 모 조간신문에 보도되고 있으니, 이것이 바로 송도松都 말년에 쇠 덩어리를 마구 집어삼킨 불가사리가 아니고 무엇인가?

일이 이쯤 되고 보면 작년 증권파동 재판 당시에 이 사건에 관련된 피의자들을 애국적이라고 하다시피 이 미군 트럭을 훔쳐 내온 자들도 의거라고 아니 할 수 없지 않는가? 상탁하부정上濁下不淨이란 말이 과연 허언이 아니로다.

국민 여러분, 우리는 살기 위하여 궐기합시다.
정의는 살고 불의는 사라지는 법입니다.
정의로 죽는 것이 불의로 사는 것보다 영광스럽습니다.
국민 여러분! 우리들은 이 매국적인 한·일 회담을 무찌르기 위하여

다시 한 번 궐기하고 재천在天한 우리들 선열의 뒤를 따릅시다."

이것이 장택상 씨가 기초했다는 선언문 초안입니다.

여러분께서는 내가 법무부 장관께 우리가 물어야 할 것은 그렇게 전무후무한 격렬한 언사로써 이 한·일 회담을 위한 정부와 공화당의 자세를 매국적이라고 규탄하면서 비난했고, 이 안에 제2항에 박정희 대통령은 세칭 3억 불 중 선도금으로 1억 기천만 불을 일본으로부터 받아왔다는 풍설의 증거를 밝혀라, 비록 풍설이라는 표현을 했지만 이러한 의문을 제시한, 이런 발설의 근거가 이와 같이 뚜렷함에도 불구하고 법무부 장관은 어찌해서 이런 문제에 대해서 좀 더 추궁해 보지 못하고, 또한 장택상 씨의 그런 말을 들은 것은 비단 김준연 의원 혼자만이 아니라 옆에서 김선기34 씨라고 했지요? 김선기 씨… 과거의 문교부 차관도 같이 들었다는 것입니다.

그러면 이것은 방증도 있는 것이고, 또 그것을 뒷받침하는 이런 증거도 있는데, 왜 국회 조사단은 좀 더 철저히 조사하지 않고, 왜 검찰은 더 좀 철저히 조사하지 않고 이렇게 부랴사랴 김준연 의원을 구속하려고 드는가!

여러분이 아시다시피 김준연 의원으로 말하면, 과거 법무부 장관 당시 대일강화조약이 심사되었습니다. 그때 까딱하면 우리나라는 큰일 날 뻔했던 것입니다.

샌프란시스코 강화조약 조항 중, 재한在韓 일본인의 재산에 대한 조항을 넣지를 않았습니다. 아시다시피 일본은 조약을 맺고도 그 후로 재한 일본인 재산권에 대해서 청구를 하다가, 나중에 미국이 샌프란시스코 조약에 대한 해명으로써 일본이 그런 주장을 할 근거가 없다고 말함으로써 일본은 자기의 주장을 되돌려 놨던 것입니다.

이것은 저번에 여기에서 정부 당국자가 설명할 때도 뚜렷이 말했습니다.

그러면 이러한 샌프란시스코 강화조약 제4조 B항을 삽입시켜 가지고 일본으로 하여금 그런 주장을 못 하게 한 이러한 일을 한 분이 저기에 앉아 계신 김준연 의원인 것입니다.

이와 같이 김준연 의원은 그 당시 법무부 장관으로서 우리 국민의 재산을 보호하는 데 일본이 나중에 엉터리없는 짓을 못 하도록 그러한 그 선견지명이 있는 그런 일까지 해 논 것입니다.

뿐만 아니라, 김준연 의원은 여기에 김준연 의원이 저술한 『독립노선』이라는 책이 있습니다마는, 이 대일강화조약 초안에 대한 설명서를 또한 발표했습니다. 이것은 단기 4284년 7월 18일 자로 되어 있습니다.

이것은, 그 내용을 간단히 훑어보면,

"···1943년 11월 27일 카이로에서 미국 대통령 루즈벨트, 영국

수상 처칠, 중화민국 주석 장개석 3씨가 회합하여 '조선 인민이 빠지고 있는 노예 상태에 유의하여 맹세코 적당한 시기에 조선을 자유 독립시킬 결의를 가졌다'고 선언하였다.

이 선언이 1948년에 와서 결실을 보게 되어 5·10 선거가 되고, 8월 15일에 대한민국 정부 수립이 되었고, 12월 12일 파리 유엔총회에서 48 대 6으로 대한민국 정부의 승인이 되게 된 것이다.

이 카이로선언은, 1945년 7월 26일 포츠담선언 제8항에 '카이로선언의 제 조항은 이행되어야 할 것이고' 하는 문구로 개선되어, 일본은 이 포츠담선언을 수락하여, 무조건 항복함으로써 한국의 독립도 역시 수락, 승인된 것이다.

금후의 대일강화조약에 있어서 일본은 한국에 관하여 2개 선언의 조항을 재확인하는 단계에 도달한 것이고, 그 실행의 감시자인 미·영 등 제국은 선량한 관리자의 주의로써 취하지 않으면 아니 될 것이다.

일본의 무조건 항복에 의하여 한국에 와 있던 미국은 카이로선언의 취지에 따라서 '조선 인민이 빠지고 있는 노예 상태에 유의하여…' 이 상태에서 한국인민이 속히 벗어나서 자유 독립하도록 노력한 것이다.

그리하여 우선 경제적으로 노예 상태를 벗어나게 하기 위하여 1945년 12월 6일 재조선 미국 육군 사령관의 지령에 의하여 조선 군정장관 아놀드 미국 육군소장이 공포한 법령 제33호 '조선 내에 소재 일본인 재산권 취득에 관한 건'으로 이 일본 급及 일본인의 모든 재산권은 조선군정청이 취득하고 소유하였던 것이다.

그리하여 그것을 대한민국 정부수립 후에 1948년 9월 11일 서울서 작성되고, 그 익년 1월 18일에 공포된 한·미간의 재정 급 재산에 관한 최초 협정에 의하여 대한민국 정부에 이양한 것이다.

일본의 정치 하 36년 동안에 일본의 한국인민에 대한 관계는 순전한 전제적 권력 관계이었다.

이 권력을 배경으로 하여 일본 급 일본인은 한국에서 그 경제적 토대를 쌓은 것이다. 한국 내에 있는 재산의 거개가 일본인의 소유라고 하였다.

이와 같은 사정 하에 있어서 단순한 정치적 독립이 하등의 가치도 없는 것이라는 것은 일체 국가, 일체 인류가 결핍에서 해방되어야 한다고 대서양헌장에서 선언한 미·영 양 국민이 더욱 명백히 인식한 바 있었을 것이다.

그러므로 1948년 9월 11일 한·미간에 재산에 관한 협정이, 1948년 12월 12일의 파리 유엔총회에서 48 대 6으로 승인한 양자는 표리 일치하여 대한민국의 생존권을 보장한 것이라고 할 것이다.

어업에 관한 맥아더 선의 창정創定도 또한 경제적 자유 독립의 건립에 필요 불가결한 까닭에 생긴 것이다."

다시 한 번 읽겠습니다.

연설의 정석

"어업에 관한 맥아더 선의 창정도 또한 경제적 자유 한국의 건립에 필요 불가결한 까닭에 생긴 것이다.

재래의 국제법상 관례로 말하면, 일본의 한국에 있어서의 재산은 공사公私로 구별하여 논의하게 될는지 알 수 없지마는, 제2차 대전 후의 새 국제관례는 국가의 생존권을 기초로 한 것이기 때문에 미국은 일본에 대하여 1전錢의 배상도 청구하지 않고 도리어 경제적으로 원조하는 정책을 취하여 오게 된 것이다.

이와 같은 관점 하에서 볼 때 한국의 생존권을 위협하는, 한국에 있어서의 일본 급 일본인의 재산권을 인정한다는 것은 도저히 용허用許 될 수 없는 것이다.

더군다나 미·영 양국은 이 점에 있어서 신생 대한민국의 충실한 옹호자가 되어야 할 것이다.

그러므로 이 양국이 주체가 되어서 기초한 대일강화조약 초안에 있어서는 이 문제가 완전히 해결되어야 할 것이다.

그런데 지금 발표된 제2 대일강화조약 초안을 보면 이 점이 누락되어 있고, 도리어 그 제4조에 있어서 한·일 양국 간의 재산문제는 금후의 양국 간의 교섭에 일임한 형태가 되어 있어 미·영 양국은 그 책임을 면하는 것같이 되어 있으니, 이는 너무도 한국의 권익을 등한시한 조처라고 보지 않을 수 없는 것이다.

더군다나 우리 한국은 6·5 사변으로 인하여…"

의장 이효상

중지해 주시기 바랍니다.

(장내 소연)

김대중 의원

(계속) 아까도 말씀드렸지만 의장께서……

의장 이효상

결정한 대로…

김대중 의원

(계속) 이 회의를 국회법에 없이, 국회법을 오용해 가지고, 또 당초에 없었던 조건을 답변 도중에 붙여서 저한테 발언을 중지시키는 것은 본 의원으로서는, 의장에게는 죄송합니다마는, 의장이 그 발언중지를 명령할 하등의 근거 없는 것이라 해서 본 의원은 국회법의 근거에 따라서 발언을 계속할 수밖에 없습니다.

의장 이효상

아까 설명 다 했습니다. 지금 의장의 직권으로써 중지하시고 하단하시기를 명령합니다. 명령합니다.

김대중 의원

(계속) 더군다나 우리 한국은…

(장내 소연)

의장 이효상

의사 진행을 계속하겠습니다.

("계속해요" 하는 이 있음)

(장내 소연)

마이크를 끄겠습니다.

하단해 주시기 바랍니다.

다시 하단을 촉구합니다. 하단해 주시기를 촉구합니다.

("계속하시오!" 하는 이 있음)

김대중 의원

(계속) 마이크 넣어주세요. 말하겠습니다.

(장내 소연)

의장 이효상

좌석에 앉으십시오. 내려가시오. 조용하십시오.

계속합니다. 앉으십시오. 조용히 하십시오. 조용하십시오. 의사 진행을 계속하겠습니다. 빨리 하단해 주십시오.

하단해 주십시오. 의사일정 변경 동의는 토론이 없습니다. 발언이 없습니다.

(장내 소연)

그러므로 의사일정을 변경할 것이냐, 아니냐 하는 데에 대해서는 즉각적으로 표결에 들어가겠습니다.

("표결해요" 하는 이 있음)

(장내 소연)

(의장석으로 등단하는 이 많음)

하단하십시오.

(장내 소연)

지금 제가 표결을 하겠다고 한 데 대해서 무슨 표결이냐? 이렇게

연설의 정석

아마 오해하고 계시는 모양인데, 어디까지나 의사일정 변경 동의
에 관한 표결이올시다.

("발언 도중에 무슨 표결이요?" 하는 이 있음)

("내려와서 얘기할 수 있지 않아요?" 하는 이 있음)

내려가세요. 김 의원도 내려가세요.

김 의원 내려가시지 아니하면 부득이 경위권을 발동할 수밖
에 없습니다.

("무엇이라고? 이게 정치하는 거요!" 하는 이 있음)

(장내 소연)

좌석에 앉아주시기 바랍니다.

("경위권 발동이라는 말 취소하시오!" 하는 이 있음)

("내일 합시다!" 하는 이 있음)

매우 유감입니다. 김대중 의원께서 도저히 의장의 명령은 듣
지 않습니다. 그러나 아까 의장이 선언한 바와 같이 표결을 하겠
습니다.

의사일정 변경 동의에 찬성하느냐, 혹은 반대하느냐…

("발언 도중에 표결이 어디 있어요?" 하는 이 있음)

(장내 소연)

("의장, 일단 산회합시다. 일단 산회하고 의장단과 총무단에서 협의하시오!" 의석에서 — 양회수[35] 의원)

("이것이 나라를 구하는 길이 됩니까? 무슨 일을 그렇게 하시오!" 의석에서 — 서민호[36] 의원)

(장내 소연)

("김용태[37] 총무, 올라와 주십시오" 단상에서 — 서범석[38] 의원)

장시간 정회도 아니고, 대단히 죄송하게 되었습니다.

여러분이 보시는 바와 같이 지금 이 현상대로는 의사 진행이 매우 곤란할 것 같고, 또 만일 강행한다면 어떠한 불상사까지 일어날는지 모릅니다.

우리 국회가 개원 이래 오늘까지 각자가 모두 여야 협조를 부르짖고 노력해 왔습니다. 저는 여러분께 그 점에 대해서 대단히 감사하다고 생각합니다.

오늘 앞으로 의사일정 변경 동의에 대해서 표결을 하려고 선언했습니다마는, 이 표결은 내일 의사일정 여하에 따라서 아무 소용이 없게 될는지도 모릅니다.

이제 각 교섭단체의 총무단과 충분히 의논한 결과에 내일 우리 의사일정에는 맨 먼저 오늘 제2항으로 올라온 것을 상정해서… 거기에는 국회법 제97조라고 생각합니다.

그 시간을 제한하고… 또 총무단과 운영위원회를 거쳐서 가급적이면 각파의 대표만 질의를 하기로 하고, 그 외의 토론은 일절 하지 않기로 하고, 그래서 정부에서 제출한 동의안에 대한 가부 결정은 틀림없이 내일 결정하기로 하고… 그러한 모든 합의 하에서 오늘 이것으로써 산회하고자 합니다.

특히 뭐 여당이고 야당이고 할 것 없이 오늘 아침 10시부터 지금까지 장시간 동안 여러분이 많이 노고를 해 주셨습니다마는, 우리 국회의 여야가 협조하기 위해서 가급적이면 이러한 큰 충돌이 없이 모든 일이 원만하게 진행되기를 바라는 마음에서 그렇게 하고자 합니다.

("그렇게 하는 것이 어디에 있어요?" 하는 이 있음)

(장내 소연)

산회를 선포합니다.

(오후 7시 56분 산회)[39]

1   **이효상**李孝祥(1906~89)은 대구에서 출생하여 대구고등보통학교 및 일
본 동경제국대학 독문과를 졸업했다. 해방 후 경상북도 학무국장, 경
북대학교 문리과대학 교수, 초대 학장을 지내다가 1960년 4월혁명 직
후 실시된 7·29 총선에 참의원 후보로 출마하여 당선(무소속), 참의원
예산결산위원장을 지냈다. 1961년 5·16 쿠데타 이후 민주공화당에 입
당한 후 1963년 2월 총선에서 민주공화당 후보로 출마하여 당선(대
구 남구)된 뒤 6, 7대 국회의장을 지냈다. 7대 국회의장 시절인 1969년
8월 7일 삼선 개헌안 발의의 국회 보고를 생략한 채 본회의에 상정하
였다. 당시 야당 의원들의 반대와 점거로 본회의장에서 회의 개최가
불가능해진 가운데, 9월 14일 새벽 1시경 공화당 의원들과 함께 국회
제3 별관으로 자리를 옮겨 불법적인 삼선 개헌안을 통과시켰다. 1972년
10월 계엄령이 선포되고 국회가 해산된 후 다음 해에 치러진 제9대
국회의원 선거에 출마해 당선된 뒤 공화당 의장 서리를 지냈다.

     특히 그는 1971년 국회의장으로 재직 시절 치러진 제7대 대통령
선거에서 민주공화당 유세반으로 경상도 각지를 순회하며 유세 활동
을 벌였는데, 그는 안보 논리를 내세워 박정희 후보의 당선을 역설하
기도 했으나, 우리 현대사에서 지역감정을 정치적으로 악용한 효시로
평가되고 있다. 당시 그는 "이 고장[경상도]은 신라 천 년의 찬란한 문
화를 자랑하는 고장이지만, 이 긍지를 잇는 이 고장의 임금은 여태껏
한 사람도 없었다. 박 후보는 신라 임금의 자랑스러운 후손이다. 이제
그를 대통령으로 뽑아 이 고장 사람을 천 년만의 임금으로 모시자,"
"경상도 대통령을 뽑지 않으면 우리 영남인은 개밥에 도토리 신세가
된다" 등의 발언을 했다.

2   **권효섭**權孝燮(1925~2017). 경북 봉화에서 출생했다. 1948년 대한민국

제헌국회 직원으로 공채되어 줄곧 국회사무처에서 근무하였다. 1972년 유신 쿠데타로 8대 국회가 해산되고 소위 유신헌법이 제정되자, 국회 의사국장직을 사임하고 박정희가 임명하는 유신정우회維政會 소속 국 회의원이 되었다.

3 **민정당**民政黨(1963~65). 4월혁명으로 집권한 민주당은 곧 정국주도권 을 놓고 신구파가 분열하여 구파가 탈당, 신민당을 창당했다. 그러나 1961년 5·16쿠데타가 일어나자 군부에 의해 민주당, 신민당 모두 강 제 해산되었고, 양당의 정치인들은 소위 '정치정화법'으로 묶여 일 체의 정치 활동이 금지되었다. 1963년 '민정 이양'을 발표한 박정희 가 비밀리에 민주공화당을 사전에 조직해놓고는 야당 정치인들의 정 치 활동 금지를 해제하자 윤보선, 윤제술, 유진산, 김영삼 등은 민정당 을 창당했고, 박순천, 김상돈, 조재천, 김대중 등 신파 계열 정치인들 은 5·16쿠데타 전의 이름 그대로 민주당을 창당하였다.(이를 '재건민주 당'이라 부르기도 한다) 민정당 대통령 후보 윤보선은 제5대 대통령 선거 에 출마하였으나, 민주공화당 대통령 후보 박정희에게 근소한 차이로 패하였다. 제6대 국회의원 선거에서는 지역구에서 27석, 전국구에서 14석을 얻어 총 41석을 얻음으로써 제6대 국회에서 제1 야당이 되었 다. 민정당은 1964년 자유민주당을 흡수 통합했으며, 1965년에는 신 파 중심의 민주당과 통합, 민중당民衆黨으로 발전 창당되었다.

4 **삼민회**三民會(1963~65). 5·16쿠데타 후인 1963년에 재창당한 신파 계 열의 민주당은 제5대 대통령 선거에서 야권 단일화를 위해 후보를 내 지 않고 민정당의 윤보선 후보를 지지했다. 그러나 이어서 치러진 제 6대 국회의원 선거에서는 민정당에 밀리며 국회 의석 13석의 제2야당 이 되어 교섭단체 구성에 실패했다. 그리하여 민주당이 9석의 자유민 주당, 6석의 국민의당과 연합하여 구성한 교섭단체가 삼민회이다. 세 당의 이름에 공통으로 들어가 있는 '민民'자를 취한 작명이다.

5 **김준연**金俊淵(1895~1971). 전라남도 영암에서 출생하여 영암보통학교와 경성고보를 졸업하고, 동경제국대학 법학부 독법과獨法科에 유학했다. 동경제대 졸업 후에는 베를린 대학으로 유학을 해 정치와 법률학을 연구하였다. 1925년 조선일보 모스크바 특파원으로 근무하다가 귀국하여, 1926년부터 신간회 운동에 참여하였고, 1927년 보성전문학교의 강사로 교단에도 섰다. 1928년 동아일보 편집국장으로 재직할 때 제3차 공산당 사건(세칭 ML당 사건)에 관련되어 7년간의 옥고를 치렀고, 감옥에서 나온 후 1934년 동아일보에서 주필을 지냈으나 1936년 손기정孫基禎의 '일장기日章旗 말소사건'에 관련되어 경기도 전곡의 해동농장海東農場 관리인으로 하방하였다. 8·15해방이 되자 우익으로 전향하여 한민당 창당에 참여했다. 그는 김구·김규식의 남북협상 노선에 반대하고 남한 단독정부 수립 운동을 지지하는 건국노선을 견지했다. 1948년 고향인 영암에서 제헌국회의 의원으로 당선되어 1950년 한국전쟁 시기 이승만 정부의 법무부 장관을 맡기도 했다. 이후 3대, 4대, 5대, 6대 국회의원에 연거푸 당선되었다.

6 **정명섭**丁明燮(1910~97). 전라남도 나주에서 태어나 광주고보와 일본 주오대학 법학부를 졸업했다. 8·15 후 해남군수, 장흥군수, 영광군수 등을 역임하고, 3·4·6대 국회의원에 당선되었다. 7대 총선에서 낙선한 후에는 현실정치와 거리를 두었으나, 1980년 전두환의 민주정의당 창당에 참여하여 지도위원을 지냈다.

7 **유진산**柳珍山(1905~74). 충청남도 금산에서 태어나 와세다 대학 재학 당시 독서회사건으로 투옥되었고, 광복 후 청년운동을 하다가 정계에 투신, 3·4·5·6·7·8·9대 국회의원에 당선되면서 역대 야당의 지도적 인물로 활약했다. 그는 국회의원 시절 입버릇처럼 "정치란 칼로 두부를 자르듯 일도양단으로 되는 것이 아니다. 토론하고 타협하는 것이 바로 정치다"라는 소신을 피력한 바와 같이 민주정치의 기본을 대화와 타협에 둔 정치인이라는 평을 받았다. 그러나 박정희가 1인 독재로

치달아가는 상황에서도 선명 투쟁보다는 타협과 토론으로 실리를 추구한다는 명분 아래 '밀실 정치'를 고수해 반대파로부터 '사쿠라'라는 공격을 받았다. 그러한 세평에도 불구하고 1974년 그가 사망했을 때 남긴 것은 조그마한 집과 책 몇 권, 안경, 단장, 중절모 등뿐이었다고 한다.

8 당시의 법무부 장관은 **민복기**閔復基(1913~2007)였다. 그는 서울 출생으로, 궁내부 대신, 중추원 부의장을 지낸 악질 친일파 민병석의 아들이다. 1937년 3월 경성제국대학 법문학부를 졸업하고, 1937년 11월 일본 고등문관시험 사법과에 합격해 1938년 4월 사법관 시보로 법조계에 입문했다. 1939년 12월 경성지법 판사, 1945년 1월 경성복심법원 판사를 지냈으며, 해방 후인 1945년 9월 서울지법 부장판사가 되었다. 미 군정 하에서 사법부 법률기초국장 겸 법률심의국장으로 일했으며, 1947년 8월 검찰로 자리를 옮겨 법무부 검찰국장 겸 대검검사가 되었다. 1950년 1월 이승만 대통령의 비서관이 되었으며, 한국전쟁 중인 1951년 11월부터 1952년 5월까지 법무부 차관을 역임했다. 1952년 6월 서울지검장으로 옮겼다가 1954년 2월 외자 구매처 차장이 되었다. 1955년 2월 초대 해무청장海務廳長이 되었고, 1955년 9월 제5대 검찰총장이 되어 1956년 7월까지 재임했다. 그는 퇴임하고 변호사를 개업했다가 5·16 쿠데타 직후인 1961년 9월 대법원 판사로 다시 공직에 복귀했으며, 1963년 4월 제16대 법무부 장관이 되었다. '한국 비료 사카린 밀수사건'과 '김두한 의원 오물 투척 사건'으로 1966년 9월 사직했으나, 1968년 10월 제5대 대법원장이 되었다. 유신 직후인 1973년 3월 제6대 대법원장으로 연임되어 1978년 12월까지 대법원장으로 재임했다. 그는 대법원장을 물러나고서도 1980년 국정자문회의 위원, 국토통일원 고문, 1987년 헌정제도연구위원회 위원장을 지내는 등, 일제하 조선총독부, 해방 후의 미 군정, 이승만 독재정권, 박정희 군부정권, 전두환 폭압정권에서 두루 고위직을 지낸 특이한 인물이다.

9   1963년 12월, 박정희의 제3공화국이 출범하자 경향신문은 박정희 쿠데타 세력과 삼성 재벌이 유착해 수입 밀가루와 설탕으로 폭리를 취해 공화당에 정치자금을 제공했다는 내용의 기사 '국민경제 망친 3분粉(밀가루·설탕·시멘트)'를 터트렸다. 그러자 삼성은 각 언론에 해명 광고를 내는 한편, 1964년 2월 11일 경향신문을 '출판물에 의한 명예훼손과 신용훼손' 혐의로 고소했다. 이에 경향신문도 바로 이병철 삼성 회장과 김선필 대표이사 등 간부 12명을 맞고소했지만, 3월 30일 서울지검은 경향신문의 고소는 무혐의 처리해버리고, 삼성의 고소만 받아들여 경향신문의 발행인 이준구, 편집인 겸 주필 박상일, 정치부장 김경래와, 이를 국회에서 폭로한 국회의원 유창열 등을 불구속 기소했다.

    유창열柳昌烈(1914~73)은 서울 출생으로 선린상업학교를 졸업하고 조선식산은행에서 일하다가, 이후 8·15해방까지 성진피복공장, 함남해산물기공회사 등 기업을 운영했다. 해방 직후에는 경신산업을 운영하다가 1963년 11월 26일에 실시된 제6대 국회의원 선거에서 민주당의 전국구 후보로 영입되어 당선되었다. 당시 민주당은 지역구에서 박순천, 정일형, 유성권, 한통숙, 홍익표, 박영록, 최영근, 김대중 등 8명이 당선되었고, 총 13.6%를 얻어 조재천, 김성용, 유창열, 장치훈, 최희송 5명이 전국구로 당선되었다.

10   **김중태**金重泰(1940~). 경상북도 의성에서 태어나 안계초등학교, 경북중고등학교를 졸업했다. 서울대학교 정치학과에 진학하여서는 '민족주의비교연구회'라는 서클를 결성하여 학생운동에 앞장서 1964년 한·일 굴욕외교 저지 6·3 투쟁을 주도했다. 그러나 박정희 정권은 6·3 투쟁을 이끈 민비연을 이적단체로 몰아 김중태 등 민비연 활동가 학생들이 재야 사회운동의 상부 조직으로부터 지시를 받아 국가 변란을 획책했다는 혐의로 구속하였다. 물론 대부분의 혐의는 중앙정보부의 조작 수사에 의한 것이었다. 결국, 민비연 사건은 동백림 간첩단 사건의 곁가지로 포함되었다. 그러나 재판 결과 동백림사건의 허구성이

드러나 흐지부지되자, 박정희 정권은 동백림사건 관련자들을 석방하는 과정에 학생운동의 눈엣가시인 김중태도 석방하고 미국으로 보냈다. 이후 그는 대한민국이 민주화되자 귀국하여 정계 진출을 모색했지만, 자신의 어지러운 정치 행보로 모두 무산되었다.

11 1964년 5대 대통령 선거에서 공화당의 박정희 후보에게 간발의 차이로 패배한 윤보선은 곧 이은 6대 국회의원 선거 때 민정당의 전국구후보로 출마해 당선되었다. 윤보선은 총선 후 제1야당이 된 민정당의 대표최고위원으로서 국회 대표연설에서 "5·16쿠데타를 정당화해야할 사태인가, 아닌가"라는 등 박정희 군사정권에 대해 신랄히 비판했는데, 공화당은 이 발언을 '폭동 선동'이라 하여 징계하려 했다.

12 **장택상**張澤相(1893~1969). 경상북도 칠곡군 북삼면에서 태어났다. 1913년 영국 에든버러대학에 입학하였다가 중퇴하고 1921년에 귀국하였다. 1930년 경일은행慶一銀行 상무에 취임했으며 청구회靑丘會 회장을 지냈다. 1945년 8·15광복을 맞아 미 군정 하에서 수도경찰청장, 제1관구 경찰청장을 지내면서 좌익 척결에 앞장섰다. 1948년 정부 수립과 함께 초대 외무부 장관에 취임하였고, 1950년 고향 칠곡군에서 2대 국회의원에 당선되었으며, 그해 국회부의장이 되었다. 1950~51년 유엔총회에 한국 대표로 참석하였고, 1952년 국무총리가 되었다. 부산정치파동이 일어나자 발췌개헌을 제안해 이승만의 장기집권을 위한 '대통령직선제 개헌'을 도왔다. 이후 고향 칠곡에서 제3, 4대 국회의원에 당선되었고, 1960년 제5대 민의원에 당선되었으나 5·16쿠데타로 의원직을 잃었다. 1964년 '한일협정반대투쟁위원회'에 참여하였고, 신민당 고문을 지내다가 1969년 8월에 사망했다.

13 **송진우**宋鎭禹(1887~1945). 전라남도 담양 출생. 군산 금호학교를 거쳐 일본 메이지대학 법과를 졸업하고, 귀국한 후 1916년 중앙중학교 교장으로 일하다가 3·1운동과 관련하여 1년 반 옥살이를 했다. 1922년

동아일보사가 주식회사로 개편되자, 10대 초반에 함께 수학하였고 나중에 메이지대학 유학도 함께 간 김성수의 주선으로 사장에 취임, 이후 30여 년간 동아일보를 이끌었다. 1945년 일제가 패망하자 9월 7일 국민대회 준비회를 조직하고 위원장으로 취임하였다. 이어 9월 16일 김성수, 김병로, 원세훈, 장덕수, 서상일 등이 주도하여 한국민주당이 결성되자 중앙집행위원회 수석총무에 추대되고, 12월 1일 동아일보가 복간되자 제8대 사장에 취임하였다. 12월 28일에는 신탁통치 문제로 아놀드(Arnold, A. V.) 미군정장관과 회담하여 반탁시위의 정당성을 강조하였으며, 29일 밤에는 경교장에서 임시정부 요인들과 회담하였다. 그 자리에서 '미 군정과는 충돌을 피하고 국민운동으로 반탁에 대한 신중론'을 피력하고 돌아온 그다음 날인 12월 30일 아침 6시, 송진우는 자택에서 한현우 등 6명의 테러로 사망했다.

14　**김종필**金鍾泌(1926~2018). 정치가. 육군사관학교 8기 출신으로, 1961년 5·16쿠데타에 가담하였고, 중앙정보부 창설을 주도하여 1963년까지 초대 부장으로 재임했다. 중앙정보부장 재임 시 한일회담의 특사로 파견되어 회담을 매듭지었으며, 공화당 소속으로 의장과 부총재를 지내고 국무총리를 역임하며 유신체제 유지에 역할을 했다. 1979년 박정희가 피살되자 이후 공화당의 총재 및 당 의장직을 맡아 이끌었다. 그러나 1979년 12·12사태와 1980년 5·17 비상계엄 전국 확대조치 이후 전두환 정권하에서 1987년까지 정치 활동을 금지당했다. 1987년 6·29선언 이후 정계에 복귀하여 그해 12월의 제13대 대통령 선거전에 나섰으나 낙선했다. 그가 이끌었던 신민주공화당은 1988년 제13대 국회의원 선거에서 총 35석을 차지하였으나 1990년 1월 당시 집권 여당인 민주정의당, 제2야당인 통일민주당과 '3당 합당'을 했다. 1992년 제14대 대통령 선거에 출마해 당선된 김영삼 대통령이 3당 합당 시의 약속을 어기자 1995년 2월 민자당을 탈당해 3월 자유민주연합(자민련)을 창당하고, 1997년 제15대 대통령 선거에서 새정치국민회의(국민회의)와 후보 단일화에 합의해 김대중의 당선에 기여했다.

15 1964년 3월, 서울 종로구 사직동에 위치한 사직공원 부지 일부를 부정 불하한 사건. 당시 황종률 재무장관과 강신경 서울시 관재국장이 공모해 관련 공무원을 시켜 2만 3천여 평에 달하는 토지와 수목 7천 7백 그루를 동양부동산 대표 김영동에게 부정하게 불하한 사실이 드러나 매매계약을 취소, 원상으로 환원토록 조치하고, 관련자들을 의법 조치했다. 이 사건은 동년 4월 10일 언론에 보도되었고, 국회는 바로 '국공유지 부정 불하 특별조사위원회'를 구성, 조사에 나섰다. 조사위는 공화 7, 민정 3, 삼민회 2의 비율로 구성하여 사직, 삼청, 남산 등 세 공원과 수유동 임야, 서울시 유지도로 등 14건의 부정 불하 사건의 진상과 그 배후의 권력개입 여부를 14일간 조사했다. 5월 11일, 재무부 장관 황종률 등 15명이 구속 기소 되고, 8명은 불구속 기소로 재판에 넘겨졌다.

16 조고는 진나라의 시황제를 모시는 환관 책임자였다. 그는 BC 209년 여행 도중에 일어난 시황제의 죽음을 감추고 음모를 꾸몄다. 시황제의 큰아들 부소는 분서갱유를 시행한 승상 이사의 조처에 반대하다가 북쪽 변방에 유배되어 있었다. 시황제는 부소에게 보내는 유언이 담긴 조서를 남겼는데, 여기에는 부소를 후계자로 지명한다는 내용이 들어 있었다. 그는 이사와 함께 부소의 제위를 막기 위해 가짜 조서를 유배지로 보내 부소를 죽게 하고, 다시 시황제의 막내아들 호해로 제위를 잇게 한다는 가짜 조서를 꾸몄다. 얼마 후 이사와 사이가 나빠진 조고는 이사를 처형했다. 그 후 반란군들이 수도로 쳐들어오자 허수아비 황제 호해를 살해하고 호해의 아들을 제위에 앉혔다가 다시 아들까지도 없애려고 했으나, 그 음모가 발각되어 황궁에 입궁하다가 암살당했다.

17 **최두선**崔斗善(1894~1974). 호 각천覺泉. 최남선崔南善의 동생으로, 휘문의숙과 일본 와세다대학을 졸업했다. 1918년 중앙고보 학감에서 시작해 다음 해 교장으로 재임하며 1920년 결성된 조선교육회 평의원

으로 활동했다. 1921년에는 총독부 촉탁으로 보통학교 교과용 도서 언문 철자법을 조사하는 업무도 담당했다. 1938년 흥업구락부사건으로 피체되어 약 3개월 동안 옥고를 겪었으며, 1939년 일제의 만주 진출을 위해 일제가 창립한 남만방적주식회사의 취체역에 취임하였다. 해방 후 한국민주당, 반탁독립투쟁위원회에 가담하였고, 동아일보 사장에 취임했다. 1955년 민주당 발족을 계기로 정계를 떠났다가, 1961년 쿠데타 후 군사정부에 영입되어 1963년 제3공화국의 초대 총리로 임명되었으나, 당과 행정부 사이의 갈등, 대일 굴욕외교 반대 시위 등으로 취임 5개월을 채우지 못하고 1964년 5월 9일 사임했다.

18 **원용석**元容奭(1906~89). 충남 당진 출생으로, 보성고보와 경성고등공업학교를 졸업했다. 일제강점기 평안남도 산업기사, 조선금융조합연합회 부참사, 조선식량영단 이사 등을 역임했으며, 정부 수립 후 1951년 농림부 차관, 1953년 기획처장을 역임했다. 1958년 자유당 소속으로 4대 민의원에 당선되었고, 박정희 군사정권하에서 1963년 경제기획원 장관, 1964년 농림부 장관, 경제담당 무임소 장관을 지내며, 한일회담 대표로도 활동했다.

19 **윤제술**尹濟述(1904~86). 전라북도 김제 출생. 일본 도쿄고등사범학교에서 수학하고 귀국하여 1929년 중동중학교를 시작으로 줄곧 교편을 잡았다. 광복 후인 1954년까지 이리 남성고등학교 교장으로 있다가 제3대 국회의원 선거에 출마, 고향 김제에서 무소속으로 당선되고, 이어 1958년 제4대 총선, 1960년 제5대 총선에서 민주당 소속으로 당선되었다. 5·16쿠데타 후 1963년 제6대 총선, 1967년 제7대 총선에서 당선되어 국회부의장을 맡았으나 굴욕적인 한일회담에 항의하여 의원직을 사퇴하였다. 제8대 총선에서도 당선되어 6선 의원을 지내고는 정계에서 은퇴하였다.

20 김대중 의원이 국회 본회의에서 이 의사진행 발언을 하던 4월 20일

연설의 정석

오전, 당시 서울의 모 고등학교 2학년이던 최두선 총리의 손자가 교실에서 동료학생과 다투다가 우산대에 찔려 사망하는 사건이 벌어졌다.

21 **나용균**羅容均(1895~1984). 전라북도 정읍 태생. 일본 와세다대학 유학 중, 1918년 미국 대통령 윌슨의 민족자결주의 원칙 발표와 제1차 세계대전 종결로 인한 식민지의 독립 분위기에 따라 동경에서 백관수·김도연 등과 함께 1919년 2월 8일 조선유학생학우회 주최 '2·8 독립선언'에 참여하였다. 2·8 독립선언 직후인 4월, 그는 상해로 망명하여 임시의정원 의원에 선임되어 임시의정원 법제 위원과 정무 조사 특별위원 및 정치분과 위원 등을 역임하였다. 1921년 11월에는 여운형·김규식과 함께 상해를 출발, 다음 해 1월 모스크바에서 열린 '극동인민대표대회'에 참가하였다. 그는 8·15 광복 후 귀국하여 제헌 의원에 당선되었고, 4대, 5대, 6대 국회의원과 국회부의장 등을 역임하였다. 매년 모범적인 국회의원에게 수여하는 '백봉신사상'은, 나용균의 호 '白峰'에서 따와 제정되었다.

22 **중석불**重錫弗이란 중석(텅스텐)을 수출해 벌어들인 달러인데, 중석불 사건은 원래 부산 피난 정부 시절인 1952년 이승만 정권이 정치자금을 노리고 중석불을 멋대로 운용해 문제가 된 사건이다. 1952년, 중석 1만 5천 톤의 대미 수출 계약으로 정부는 선금 470만 달러를 받았다. 관료들은 이 중석불을 자유당 창당 자금을 댄 특정 민간업자들에게 공정 환율(1달러=6000환)로 넘겼다. 당시 암시장의 달러 환율은 2만 환이었으니 엄청난 환차익을 챙긴 것이다. 그리고 이들이 수입한 소맥분小麥粉도 적정 가격 4만 5천 환보다 훨씬 높은 12만 5천 환에, 한 포대 2만 8,800환으로 수입한 비료는 농민에게 12만 1,800환에 팔아넘겼다. 들끓는 여론 속에 구성된 국회 진상조사단의 조사결과 환차익 505억 환, 판매가격 조작 265억 환이라는 엄청난 정경유착 구조가 밝혀졌다.

23 김대중 대통령은 이 사건이 너무나도 억울했는지, 『김대중 자서전』에서 비교적 상세하게 그 전말을 밝히고 있다(제1권, pp. 130~31). 신풍회 新風會는 1961년 1월 이철승. 김재순, 김준태 등 소장파 의원 25명이 장면 정권 출범에 공헌한 소장파에 '합당한' 논공행상을 요구하며 출범한 민주당 내 파벌이다.

"민주당 내의 소장파로 구성된 신풍회 또한 끊임없이 정권을 비난했다. 총리 인준에서 장면 총리를 도왔다는 이유로 각료 배분을 요구했다. 장면 내각은 이를 묵살했다. 그러자 그들은 사사건건 시비를 걸어왔다. 민주당 정권의 최대 스캔들인 '텅스텐 수출 계약사건'도 신풍회가 터뜨린 것이었다.

텅스텐(중석)은 로켓이나 우주선 제조에 쓰이는 전략 물자로 당시 외화 획득에 가장 중요한 광물질이었다. 1961년은 미국과 수출 계약이 만료되는 해로서 다음은 어느 나라, 어느 회사와 계약을 맺느냐가 초미의 관심사였다. 그런데 대한중석 사장이 400톤의 중석 재고품을 일본 동경식품에 헐값에 팔아 정치자금을 만들기로 했다는 보도가 터져 나왔다.

과거 이승만 정권에서 자유당이 중석을 싸게 팔아서 정치자금으로 사용했던 사실을 겪은 국민들은 경악했고, 정계는 발칵 뒤집혔다. 이와 함께 민주당 내 신풍회 의원이 사건의 배후는 장면 정권이고, 100만 달러의 커미션을 받기로 했다고 폭로했다.

서둘러 국회 조사단이 구성되었다. 그러나 아무리 찾아도 부정은 드러나지 않았다. 이것은 5·16 쿠데타 감행의 가장 큰 이유가 되었지만, 쿠데타 성공 이후 박정희 군사 정권이 아무리 추궁해도 그러한 부정은 나타나지 않았다. 당내의 일부 소장파들은 무책임한 폭로로 민주당 정권의 도덕성에 치명적 상처를 입혔다.

장면 정권의 최대 정치 스캔들은 결국 실체가 없는 것으로 밝혀졌다. 사실이 아님이 드러났지만 한번 먹칠 당한 도덕성은 원상으로 돌아오지 않았다. 이렇듯 신풍회 소속 의원들은 끝없이 내각을 괴롭혔다."

24 **이상철**李相喆(1893~1979). 충청남도 청양 출생. 일본 메이지대학明治大學 법과를 졸업하고, 동아일보·조선일보·매일신문의 사회부·정치부 기자로 활동하였다. 1950년 무소속으로 제2대 총선에 출마하여 청양에서 당선되었으며, 국회운영위원회 위원장으로 선출되었다. 1957년 민주당 중앙위원회 부위원장으로 선임되었다. 1960년 제5대 총선에서 민주당 소속으로 같은 선거구에서 당선되었으며, 1963년 제6대 총선 때는 국민의당의 공천으로 청양·홍성에서 당선되었다. 제2공화국 장면 정권에서 체신부 장관과 내무부 장관을 역임하였다. 1965년 국회부의장에 선출되었다.

25 '대일굴욕외교반대범국민투쟁위원회'를 말함. 1963년 제6대 대통령에 당선된 박정희는 곧 한·일 관계 정상화를 추진했다. 그러나 그 추진과정이 굴욕적이어서 국민의 저항이 거셌다. 더구나 교섭조차 급하게 타결하려는 움직임이 알려지자 야당은 물론 대학생들의 반대가 심했다. 민족의 자존심이며 어민들의 생계 터전인 '평화선'을 일본에 내어주는 대가로 3억 달러의 차관을 청구권 명목으로 보상받는다는 것은 국민 모두에게 모멸감을 안겨주었다. 그리하여 야권의 모든 정당뿐만 아니라, 재야인사, 시민단체, 종교단체 대표와 교수, 문인 등 저명인사 200여 명을 중심으로 '대일굴욕외교반대범국민투쟁위원회'를 결성해서 반대 투쟁에 나섰다. 6대 대통령을 두고 박정희와 대결했던 윤보선이 '투쟁위원회'의 의장이 되어 '구국 선언문'을 발표하였다. 여기에는 그 당시 한국 사회의 명망가였던 〈사상계〉 발행인 장준하, 종교인 함석헌, 고려대 총장 유진오, 김재준 목사 같은 인사들도 참여했다.

26 **홍익표**洪翼杓(1910~76). 경기도 가평 출신. 1936년 경성제대 법문학부를 졸업하였다. 1948년 제헌의회 선거와 1950년 제2대 민의원선거에서 무소속으로 가평에서 당선되었다. 제2대 국회에서는 운영위원회 위원장을 맡았으며, 1955년에 창당된 민주당의 총무부장을 역임하였다. 이후 민주당 소속으로 제4·5대 민의원을 지냈으며, 4·19 후 장면

정권에서 내무부 장관을 지냈다. 1963년 제6대 총선에서 민주당 소속으로 출마하여 당선되었고, 1969년 야권 통합 정당인 신민당의 지도위원, 정무회의 부의장을 역임하였다. 1971년 제8대 총선에서 전국구로 국회의원이 되었다.

27 **김익기**金翼基(1916~92). 경상북도 안동 출생. 니혼 대학 전문부 법과 졸업. 1948년 안동읍장 재직 중 제헌국회 선거에 출마해 안동군 갑구에서 당선되었다. 제2대 총선에서도 안동군 을구에서 무소속으로 당선되어 국회 사회보건위원장으로 활동했다. 제3대, 제4대 국회의원 선거에서는 자유당으로 안동군 을구에서 당선되었고, 1963년 제6대 국회에서는 민정당의 비례대표로 당선되었으나 이를 마지막으로 정계를 은퇴했다.

28 **정일형**鄭一亨(1904~82). 호 금연錦淵. 평안남도 용강 출생. 1927년 연희전문학교 문과 졸업 후 미국으로 건너가 신학을 전공하면서 참여한 재미유학생회의 외교부장으로 피선, 독립정신 고취와 임시정부 지원을 위한 군자금 모집 등의 활동을 하였다. 1935년 드류 대학에서 철학박사 학위를 받았다. 일제강점기에 연희전문 등에서 교수로 재직하다가 광복 후 미 군정청 인사행정처장과 물자행정처장을 역임하였다.

　　1950년 2대 국회부터 9대 국회까지 8선에 걸쳐 의정 생활을 했다. 1956년 이후 줄곧 야당인 민주당에 몸담았으며, 4·19혁명 후 장면 정권에서 외무부 장관으로 일했다. 1965년 한일 국교 정상화에 관한 조약의 비준에 반대하여 의원직을 사퇴하였다. 1971년 신민당 대통령 후보 김대중의 선거사무장을 맡았다. 1976년 3월, 박정희 유신 통치에 반대하는 '3·1 명동성당 사건'에 연루되어 의원직을 박탈당했다.

29 김준연金俊淵, 소선규蘇宣奎 등이 중심이 되어 창당한 보수정당(1963 9. 3~64. 11. 26 존속). 1963년 5월 초부터 전 자유당계, 전 민주당계, 민정당계 일부가 모여 범국민정당운동을 전개하고 민주공화당과의 합류를

모색하였으나 진전을 보지 못하자 초기의 친여적 태도에서 급선회, 민정당을 탈당한 소선규 등의 참여로 7월 1일 창당준비위원회를 결성하였고, 이후 송요찬宋堯讚·김재춘金在春 등이 합류하여 자유민주당을 창당하였다. 대표최고위원에 김준연, 최고위원에 송요찬·소선규·김재춘·김봉재金奉才. 제6대 국회의원 선거 결과 지역구 후보 6명, 전국구 3명이 당선되었으나 단독으로 원내 교섭단체를 구성하지는 못하여 민주당, 국민의당과 연합하며 '삼민회'라는 교섭단체를 구성하여 활동했다. 이러는 가운데 민주당과 국민의당이 통합됨에 따라 자유민주당은 제1야당인 민정당에 흡수, 합당되었다.

30   **조재천**曹在千(1912~70). 전라남도 광양 출생, 호는 일운逸雲. 1931년 광주서공립중학교와 1933년 대구사범학교 강습과를 수료하고, 전북 청하靑蝦 공립보통학교에서 교사 생활을 시작해 1937년 4월 남원공립보통학교에서 훈도로 재직하다가 퇴직했다. 곧이어 전북 산업부 농무과 촉탁으로 들어가 1938년까지 근무하다가 일본 주오대학[中央大學] 전문부 법학과에 진학, 1940년 조선변호사시험, 10월 일본 고등문관시험 사법과에 합격했다. 1941년 조선총독부 사법관시보로 광주지방법원 및 동 검사국, 1943년 3월 평양지방법원 예비판사를 거쳐 같은 해 7월 판사로 있다가. 1945년 6월 평양지방법원 검사로 옮겨 해방 때까지 재직했다. 1946년 서울지방검찰청 부장검사에 임명되었고, 1948년 1월 철도관구 경찰청장, 9월 제1관구 경찰청장, 11월 경무관으로 내무부 치안국 경무과장 등을 역임했다. 1949년 경북 경찰국장을 거쳐 1950년 경북지사에 임명되어 한국전쟁 중 퇴직했다. 1954년 6월 대구에서 민주국민당 소속으로 제3대 민의원에 당선되었고, 연이어 민주당 소속으로 제4, 5대 민의원에 당선되었다. 1960년 민주당 내각에서 법무부 장관에, 1961년 내무부 장관으로 임명되었으나 5·16 쿠데타로 퇴임했다. 1963년 민주당 공천으로 제6대 전국구 국회의원에 당선되어 1964년 민주당 부총재를 맡았다. 1967년 4월 민주당 총재에 추대되었으나, 총선에서 민주당이 참패하자 정계를 은퇴했다.

31　1964년 당시 시행된 국회법 제93조는 다음과 같다.

제93조(발언의 계속)
발언은 그 도중에 다른 의원의 발언에 의하여 정지되지 아니하며, 산회 또는 회의의 중지로 발언을 마치지 못한 때에는 다시 그 의사가 개시되면 의장은 먼저 발언을 계속하게 한다.

32　**진형하**陳馨夏(1907~85). 충청남도 회덕군(현 대전광역시) 출생. 일본 주오대학 법과를 졸업하고 일본고등문관시험 사법과에 합격하여 조선인으로는 드물게 대전지방법원 부장판사까지 올랐다. 광복 후 변호사로 활동하다가 1948년 제헌국회 선거, 1950년 제2대 국회의원 선거에 출마하였으나 낙선하고, 1958년 제4대 국회의원 선거, 1960년 제5대 국회의원 선거, 1963년 제6대 국회의원 선거에서 당선되었다. 일제강점기 부장판사를 역임한 경력으로 민족문제연구소의 『친일인명사전』에 올라 있다.

33　1964년 당시 시행된 국회법 제97조는 다음과 같다.

제97조(발언시간의 제한)
① 발언 시간은 국회의 의결로 제한할 수 있다.
② 의원이 시간제한으로 발언을 마치지 못한 부분에 대하여 국회의 의결이 있은 때를 제외하고는 의장이 인정하는 범위 안에서 이를 회의록에 게재할 수 있다.

34　**김선기**金善琪(1907~92). 전라북도 군산 출생. 1930년 연희전문학교를 졸업하고, 영국 런던대학에서 음성학을 전공하여 문학석사 학위를 받고 귀국하여 연희전문학교 교수로 일했다. 1942년 조선어학회사건으로 함흥형무소에 투옥되었고, 연희전문학교에서 강제 해직되었다. 해방 후 연희대학교 영문과 교수. 서울대학교 언어학과 주임교수를 지내고,

1958년 문교부 차관에 취임했다. 1960년 4·19혁명 후 관직에서 물러나 있다가, 1963년 자유민주당이 창당하자 중앙위원회 의장으로 활동하였다.

35 **양희수**梁會璲(1922~2001). 전라남도 화순 출생. 서울대학교 문리과대학 졸업. 5·16 쿠데타로 금지되었던 정치활동이 재개되자, 민주당 구파가 창당한 민정당의 공천으로 고향에서 제6대 국회의원으로 당선되었고, 이어 민주당 등 야권 제 정당이 통합하여 출발한 신민당의 공천으로 제7대 국회의원에 당선되었다. 7대 국회 때 신민당 원내 부총무를 지냈다.

36 **서민호**徐珉豪(1903~74). 호는 월파月坡. 전라남도 고흥 출생. 보성고보를 거쳐 일본 와세다 대학 정경학부를 졸업하였다. 1925년 미국 웰스리언 대학을 거쳐 컬럼비아대학을 수료하였다. 1935년 고향에 송명학교를 설립하여 교장재임 중 '조선어학회사건'으로 1년을 복역하였다. 광복 후 광주시장, 전라남도지사를 지내고 1950년 제2대 국회의원에 당선되었다. 1952년 '거창양민학살사건'의 국회조사단장으로 활동하던 중, 자신을 암살하려던 서창선 대위 살해사건으로 복역하다가 4·19혁명으로 출옥하였다. 1960년 제5대 민의원 의원에 당선되었다. 1963년 자민당 최고위원을 거쳐 민중당 최고위원을 지냈고, 그 해 제6대 국회의원에 당선되었으나 한·일협정을 반대하는 정치투쟁으로 의원직을 사퇴하였다. 1966년 민주사회당을 창당하여 다음 해 대중당으로 개칭하고 제6대 대통령 선거에 입후보하였으나, 야권후보 단일화를 위해 사퇴하였다. 같은 해 제7대 국회의원에 당선되었다.

37 **김용태**金龍泰(1926~2005). 충청남도 대덕군 출생. 경성사범, 서울대학교 사범대학 졸업. 한국전쟁이 발발하자 김종필 중위의 도움을 받아 미 8군 연락 장교단의 초병으로 군 생활을 하게 되면서 김종필의 안내로 육군정보국에 근무하던 박정희 중령의 집에서 자취 생활을 한 인연으로 후일 5·16쿠데타에 참여하게 되었다. 1963년 공화당 창당 작업을

주도한 김종필 계의 대표적 인물로 떠올라, 공화당 공천으로 제6대 국
회의원에 당선되어 초대 원내총무가 되었다. 그러나 김종필 계로서 삼
선개헌에 반대하고 분파·해당 행위를 한다는 이유에서 중앙정보부에
연행되어 조사를 받고, 당으로부터도 당권 정지 처분을 받았다. 그러나
결국 박정희에게 설득되어 1969년 삼선개헌안에 찬성하였고, 1970년
대에는 별다른 파고를 겪지 않고 제8, 9, 10대 국회의원으로 당선되었
지만, 1980년 신군부에 의해 부정축재자로 몰려 정계를 떠났다.

38   **서범석**徐範錫(1902~86). 서울 출생. 1919년 양정고보 재학 중 3·1운동에
참여했고, 1921년 중국으로 건너가 북경대학 정경과를 수료했다. 일
제 강점 초기에는 조선일보, 동아일보, 시대일보 등의 기자로 활동했
는데, '적기시위사건'으로 경찰에 구금되고, 좌익으로 몰려 조선일보
에서 해직되는 등 진보적 성향을 띠었지만, 후기에는 친일활동에도 앞
장섰다. 1950년 제2대 국회의원 선거에 경기도 옹진군에서 무소속으
로 당선되었으나 1952년 부산정치파동 때 조작된 국제공산당 혐의로
투옥되기도 했다. 그는 제4, 5, 6, 7, 8대 등 20여 년 동안 민주당, 민중
당, 신민당 등 야당 소속 국회의원으로 당선되었다.

39   오후 7시 56분, 이효상 의장이 산회를 선포함으로써 정부 여당이 시도
했던 김준연 의원의 4월 20일 구속 동의안은 무산되었다. 김대중 의원
의 필리버스터가 효과를 거둔 셈이다. 공화당과 이효상 의장은 4월 21일
구속 동의안을 재상정하려 했으나, 야당 의원들의 육탄 저지로 실패하
고 그날로 41회 국회 회기가 종료되었다. 검찰은 국회의 동의가 불필
요한 4월 26일에 김준연 의원을 구속하였지만, 야당과 반발과 여론의
악화로 얼마 지나지 않아 그를 석방할 수밖에 없었다. 김대중 의원이
필리버스터에서 정부 여당에게 한 충고, 설득, 지적이 올바른 길이었
음이 반증된 것이다.

5시간 19분
필리버스터에 대한
김대중 대통령의 회고

몸도 풀지 못하고 한 등판

1964년 4월 21일, 공화당은 김준연 의원 구속동의안을 상정했다. 김 의원은 국회에서 한일협정 비밀회담, 즉 김종필과 오히라(大平正芳, 일본 외상)가 접촉할 때 일본으로부터 정치자금으로 1억 3천만 달러를 받았다고 폭로했다. 나라가 발칵 뒤집혔다. 폭로한 내용이 사실인 지의 여부는 지금도 밝혀지지 않고 있다. 발끈한 박 정권은 김 의원을 구속하겠다고 공언했다.

하루가 지나 국회가 폐회하면 동의 없어도 구속할 수 있었지만, 여당은 정권 차원의 응징을 벼르고 있었다. '허위사실 유포'와 '명예훼손' 등의 혐의였다. 국회 폐회 하루 전이라 공화당은 안건 처리를 서둘렀다. 점심을 먹고 의사당에 들어오자 삼민회(三民會)의 한건수 총무가 다급하게 나를 찾았다. 삼민회는 우리 당의 의석이 모자라 다른 세력과 합쳐서 만든 교섭 단체였다.

"김 의원, 지금 낭산朗山(김준연 의원의 호) 선생에 대한 구속동의안 상정을 여당이 밀어붙이고 있소. 당신이 나서 줘야 하겠소. 안건을 처리하지 못하도록 오늘 밤 자정까지 시간을 끌어 달라는 말이오."

　"아니, 그걸 무슨 수로 막는단 말입니까?"

　"의사 진행 발언을 하면서 시간을 끌어 주시오."

　"일반 안건을 가지고도 한 시간을 끌기 어려운데, 어떻게 의사 진행 발언을 하면서 몇 시간을 끈단 말이오?"

　"그러니 김 의원이 나가 달라는 것 아니요? 당신이면 할 수 있다고, 중진의원들까지도 합의를 봤으니 발언대에 오르시오."

　당시 국회에서는 발언 시간제한이 없었다. 한번 해보기로 했다. 의사 진행 발언권을 얻어 발언대에 올랐다. 우선 의원체포동의안이 충분히 검토되지 않았다고 문제를 제기했다. 의원들이 사건의 실상을 정확히 인지하지 못하고 있는데도 서둘러 이를 처리하려는 것은 정치적인 의도가 있음을 지적했다.

　다음에는 김준연 의원의 그 같은 폭로가 나라와 민족을 위한 선의에서 나왔음을 얘기했다.

　"이렇듯 나라와 민족을 위해 모든 것을 바친 애국자를 동료의원들이 범죄자로 만드는 데 동조할 수는 없는 노릇 아닙니까? 그리고 의장, 볼일이 급한데 화장실에 다녀와서 계속해도 되겠습니까?"

의원들이 폭소를 터뜨렸다. 의장도 웃으면서 다녀오라고 했다. 화장실을 다녀와서 발언을 이어 갔다. 의사당에서 내 발언은 동아방송이 생중계하고 있었다. 마이크를 신문지에 싸서 발언대 근처에 몰래 숨겨서 내 발언을 시시각각 국민들에게 전달했던 것이다. 시내 전파상마다 사람들이 몰려들어 라디오를 들었다. 나의 발언을 지켜보던 여당 의원들은 '김대중이 지금 필리버스터filibuster(소수파의 의사 진행 방해)하고 있으니 대책을 세우자'고 수뇌부에 건의했다. 하지만 김용태 공화당 원내총무는 이를 무시했다.

"놔두시오. 해봤자 얼마나 버티겠소? 제풀에 지칠 것이오. 한 시간도 못 할 테니 놔두시오."

해가 저물고 의사당에 어둠이 내렸다. 나는 발언을 이어갔다. 구속동의안과 관련 없는 이야기를 하면 의석에서 야유가 터져 나오고, 의장은 발언을 중지할 것이 뻔했다. 사안의 본질을 벗어나지 않으려 더욱 집중해야 했다. 의장이 발언을 끊었다.

"김 의원, 김 의원! 좀 중지하시오. 도대체 얼마나 더 할 작정이오?"

"의장께서 이 안건을 오늘 처리 안 한다고 말씀할 때까지 계속하려고 합니다."

"좋소. 그럴 일은 없을 테니 계속해 보시오."

야당 동료 의원들은 틈틈이 달걀을 깨서 건네기도 하고, 음료

수를 전해 주기도 했다. 의석에서는 "기운 내시오!"하는 소리도 들려왔다.

결국, 의장이 내 발언을 끊더니 산회를 선포했다. 언론은 발언 시간이 5시간 19분이었다고 보도했다. 훗날 기네스북은 내 발언을 국회 최장 발언 시간으로 기록했다.

기록도 기록이지만, 그 속에는 내 나름의 자부심이 들어 있다. 충분한 조사와 검토 없이 동료 의원을 범죄자로 만들려는 박 정권의 공작을 저지한 것이다. 그다음 날 회기가 끝나 김준연 의원은 구속되었지만, 적어도 국회에서만큼은 그의 구속에 동의하지 않았다. 나는 이 일로 단연 화제의 인물이 됐다. 야당 의원들은 영웅 대접을 해 주었다. 반대로 박 대통령은 불같이 화를 냈을 것이다.

(『김대중 자서전(1권)』, 삼인, 2010에서)

반의회주의 폭거에 대한 저항과 규탄

사회: DJ께서는 우리나라 헌정사상 국회 발언을 쉬지 않고 5시간 19분을 한 기록을 가지고 계신데, 그게 제6대 국회 때 일인가요?

김대중: 맞습니다. 제6대 국회 개원 얼마 뒤 일어난 전남 영암 출신 '삼민회' 소속 '김준연 의원에 대한 구속동의안'의 표결을 의사진행 발언을 통해 저 혼자서 좌절시켰지요. 2년 6개월 동안의 군사 정권을 거친 다음 출범한 공화당 정권의 대^對 야당 봉쇄정책은 처음부터 상상을 초월한 것이었습니다. 제1야당 민정당 대표 최고위원 윤보선 의원의 국회 대표연설(현재의 사태는 쿠데타를 정당화해야 할 사태인가, 아닌가)이 폭동 선동이라 하여 징계에 불을 붙이는가 하면, 저와 우리 민주당의 유창열 의원은 이른바 '삼분 폭리사건'에 대한 명예 훼손 혐의로 검찰의 소추를

받게 하고는 드디어 야당의 원로인 김준연 의원을 "대일 청구권 자금 3억 달러 가운데 1억 3천만 달러를 미리 받아서 썼다"는 풍설을 퍼뜨린 것에 대한 구속동의안의 제출까지 이른 거지요.

한일협정 반대를 외치는 학생들과 야당의 투쟁이 극에 달하던 6·3 데모 한 달 남짓 전인 1964년 4월 20일, 국회 본회의에서 저는 무려 5시간 19분을 물 한 모금 마시지 않고 의정 단상 마이크를 움켜쥐고 김준연 의원 구속의 부당함을 주장했습니다. 그렇지 않아도 한일협정의 막후교섭에 몰리고 있던 정부는 김준연 의원 1억 3천만 달러 사전 수수설이 나오자 아예 국회의원을 오랏줄로 묶어 넘으로써 본때를 보이겠다는 자세였지요. 지금이나 그때나 마찬가지로 헌법이나 국회법에 의하면, 의원에 대한 '구속동의안'은 토론 없이 표결할 수 있도록 되어 있었고, 표결에 들어가면 부결되기가 쉽지 않았습니다. 전체 175명의 의석 가운데 여당인 공화당이 110석, 야당은 65석에 불과했습니다. 야당 의원들은 억울해도 당할 수밖에 없는 실정이었지요. 모두 한숨만 쉬고 있었습니다. 말이 재선의원이지 실제는 정치초년병인 제가 이때 '의사 일정 변경동의안'을 들고 나왔습니다. 본회의장 오른쪽 게시판에는 이미 김준연 의원 구속동의안이 상정되어 있었고요.

저는, 국회에 조사위원회가 구성되어 이를 조사 중인데 결과가 나오기도 전에 구속한다는 것은 부당할 뿐만 아니라, 모레면 국회가 폐회되어 국회 동의 여부와 관계없이 처리할 수 있는데 꼭 동료 의원의 손으로 이를 처리하려는 것은 야비하며, 도주나 증거인멸의 우려가 없을 뿐만 아니라, 70세 고령의 5선 의원을 구속하려는 것의 부당함을 당당하게 주장했습니다. 이효상 국회 의장은 30분, 30분씩 저의 발언을 연장하다가 드디어 저녁 7시 56분에 이르러 마이크를 끄고 산회를 선포하고 말았습니다. 그 이튿날 종일 공전을 거듭한 끝에 결국 국회는 폐회, 저의 뜻대로 적어도 국회에서의 김준연 의원의 구속을 막을 수 있었습니다.

오후 2시 23분에 개의한 국회 본회의 발언대에서 저는 5시간 19분 동안 꼼짝 않고 발언을 계속했지요. 아무런 사전 원고 준비 없이 이렇듯 말을 끌어가는 저의 박식과 달변에 모두 놀랐고요. 화장실 한 번 못 간 채 견디어 내는 저의 결사적인 끈기에 사람들은 다시 한번 놀라워했습니다. 저의 의회 활동은 초인적인 끈기뿐만 아니라 저의 식견에 많은 사람을 놀라게 했습니다. 저는 초기 4년 동안 재정경제위원회에서 청구권 자금, 차관, 그리고 금융, 세제 특혜와 중소기업 및 농촌의 몰락에 대해 집중적으로 추궁했습니다. 그 뒤에 옮긴 건설위원회에서는 각종 건설사업의 이권화 및 낭비를 꼬집었습니다.

(언론 인터뷰 중에서)

연설의 정석

1. 국회의원 체포 동의 요청의 건
(발신 대검찰청 / 수신 법무부장관 민복기)

2. 국회의원 체포 동의 요청의 건
(발신 서울지방검찰청 / 수신 검찰총장 신직수)

3. 국회의원 체포 동의 요청의 건
(발신 서울지방검찰청 / 수신 서울지방검찰청 검사장 서주연)

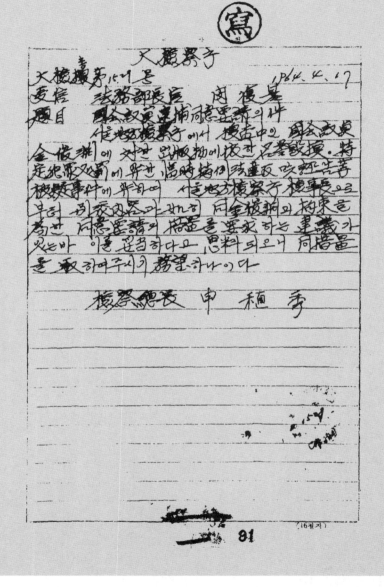

연설의 정석

대 검 찰 청

대검제1529호   1964. 4. 17

수신 법무부 장관 민복기

제목 국회의원 체포 동의 요청의 건

    서울지방검찰청에서 수사 중인 국회의원 김준연에 대한 출판물에 의한 명예훼손, 특정범죄 처벌에 관한 임시특례법 위반 및 무고 등 피의사건에 관하여 서울지방검찰청 검사장으로부터 여히 동 김준연의 구속을 위한 동의 요청의 조치를 요구하는 건의가 있는바 이를 타당하다고 사료되오니 동 조치를 취하여 주시기 무망務望하나이다.

                                     검찰총장 신 직 수

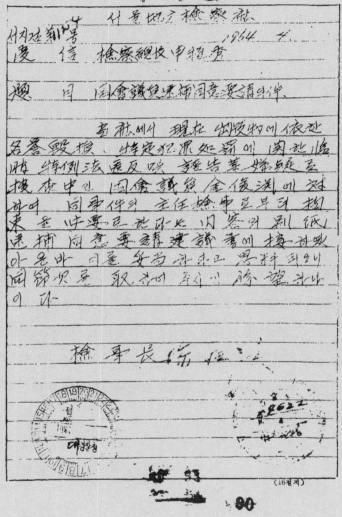

연설의 정석

서울지방검찰청

서지검11254호   1964. 4.

수신 검찰총장 신직수
제목 국회의원 체포 동의 요청의 건

　　당청에서 현재 출판물에 의한 명예훼손, 특정범죄 처벌에 관한 임시특례법 위반 및 무고 등 혐의로 수사 중인 국회의원 김준연에 대하여 동 사건의 주임검사로부터 구속을 필요로 한다는 내용의 별지 체포 동의 요청 건의서에 접하였아온 바 이를 타당하다고 사료되오니 동 절차를 취하여 주시기 무망務望하나이다.

　　　　　　　　　　　　　　　　　　　　검사장 서 주 연

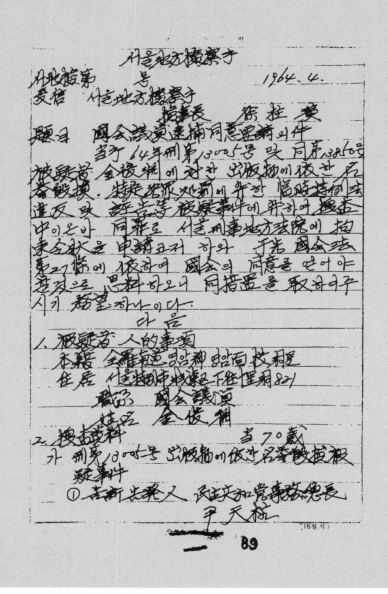

서울地方檢察官

서地檢第　　號　　　　　　1964. 4.
受信　서울地方檢察官
　　　　　　　檢事長　徐柱英

題目　國會議員逮捕同意要請의件

當行 64年刑第13005號 및 同第3850號
被疑者 金俊淵에 對한 出版物에 依한 名
譽毁損, 特定犯罪処罰에 關한 臨時特例法
違反 및 詐欺等 被疑事件에 關하여 搜査
中이온바 同罪로 서울刑事地方法院에 拘
束令狀을 申請코저 하와 于先 國會法
第27條에 依하여 國會의 同意를 얻어야
할것으로 思料하오니 同措置를 取하여주
시기 希望하나이다

　　　　　　　다음

一. 被疑者 人的事項
　本籍　全羅南道 암神 암面 校洞里
　住居　서울特別市 城東区 下往十里洞 821
　職業　國會議員
　姓名　金俊淵
　　　　　　當 70歲

二. 搜査資料
　가 刑第13005號 出版物에 依한 名譽毁損 被
　　疑事件
　①告訴告發人 民主共和黨專任委總長
　　　　　　尹天柱

[16절 지]

89

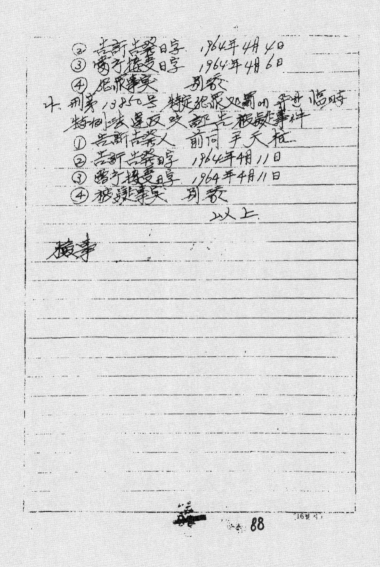

② 告訴告發日字 1964年 4月 4日
③ 令狀接受日字 1964年 4月 6日
④ 民衆事実 別紙

나. 刑第 13850号 特定犯衆処罰에 관한 臨時
特例法 違反 改 部은 被疑事件
① 告訴告發人 前同 于天権
② 告訴告發日字 1964年 4月 11日
③ 令狀接受日字 1964年 4月 11日
④ 被疑事実 別紙

以上

検事

別紙 ……（起訴事實）

被疑者 金俊淵之 20才時京城第一
高等普通學校을 卒業하고 23才 日本第6
高等學校를 卒業 26才時 日本東京帝國
大學法學部를 卒業 30才時 伯林
大學 法學科를 修了한後 31才時 歸國
하여 32才時 朝鮮日報論說委員、33才
時 東亞日報 論說委員、34才時 同社
編輯局長에 在職하다 所謂（川民）黨
事件으로 7年間 서울西大門刑務所에서
服役後 44才時 東亞日報 主筆로 在職
時 孫基禎에 對한 日章旗抹稷事件으
로 同職을 辭任하며 爾來農場管理
人으로 渡日하다 8.15解放後 1947年
韓國民主黨 宣傳部長 및 應傳部長을
거쳐 1948年 初代 國會議員 當選
1950年 11月 法務部長官 1954年 爾來第
3. 4. 5. 6. 代 國會議員에 被選 現
國會議員으로 在職하며 付民主黨
最高委員職에 있는者 인바-

第一、1964年 4月2日 午前12時頃 市內
中區 太平路所在 國會議事堂內 國
會出入記者室에서 中央、地方、外信
等日刊新聞 및 通信社記者 崔
栄喆外 30餘名과 面前에서 그들

(다음頁)

一 約87

이 新聞記者와는 英字 放送局과도 發說하고리 그 內容이 大統領 朴正熙, 国會議員 金鍾泌 및 民主共和黨 等의 各 名譽를 毁損한 虛僞의 事實이라는 點

그리고 工事項을 發說하면 第示 各記者들이 勤務하는 新聞社의 新聞紙上에 報道된다는 事實을 知悉하면서 그들을 誹謗할 目的으

① P.K. Line (朴--金鍾泌)이 日本에서 給 2仟萬弗 (日貨 70億円) 받은 事實의 經路를 말하라.

② 빼앗긴 請求權을 10分之1로 줄이는데 成功시킨 代價로 黑白碁 한 조를 받은 大野伴睦氏 (日本自民黨副黨首)와 軍事革命 나기 前에 金鍾泌氏와의 秘密交涉에 關한 内幕을 現地 調査하여 公開하라.

③ 共和黨이 勝利 만 하면 昨年末까지 9仟萬弗을 日本서 들것이라고 — 共和黨에서 흘러 나왔으며 그 眞相을 말하라.

④ 金鍾泌氏 外遊時 韓銀에서 가져간 10萬弗을 比롯하여 6.7名의 其他人士들이 海外에서 消費하고 있는 外貨總額을 말하고 그 所定을 国民에게 公開하라.

⑤ 金民水 昨年 国際慣例에 依하 6%의

~~67~~ 66   (16권지)

의 白峯미 도가 平和線 흥정 代價
로 (답니 /ス 口戶 專管水域 直線 二
로 決定 되었다는) 暗示 去來 白峯미 도
를 此었다는 說에 對하여 徹底히 糾
明하라는 等의 虛僞事實을 口頭 聲
明의 方式으로 發表하는 同時 同內
容을 記載한 제印物 數10部를
各人에게 手交하여 同記者로하여
곰 其頃 此를 同人 等이 從事하는
新聞社 發行의 4月2日字 夕刊
吠 同月3日字 朝刊 山 東亞日報
吠 朝鮮日報 等 新聞紙上에 揭載
케 하고 其頃 그것이 揭載된 約
數10 萬部의 新聞을 서울特別市
吠 全國 購讀者에 頒布케 하여서
被害者 山 大統領 朴正熙 同 國會議
員 金鐘泌 兩人의 名譽를 毁損하
고

第二, 1964年 4月8日 午第12 時頃 서所 國
會 山入 記者室에서 첫題 부一 記載
記者 들에게 그들이 新聞記者라
는 奖 被疑者가 記者들에 配伓
하고 說明한 月膾떠된 告發狀記
載內容은 大統領 朴正熙 同會
議員 金鐘泌 兩人의 名譽를 毁

(16결지)

P.소. 85

押 捏造된 정 보 영

擬 議은 虛僞 事案 이라는 것을 숙知
特히 同時에 同虛僞 捏造된 事案
中 國家統治 權의 作用에 關한 部
分은 政府를 誹謗 하는 目的으로
① 부正腐敗外 金鍾泌氏는 掌命政
府의 最高地位를 利用 日本으로
부터 美貨 1億-3仟萬弗 (韓貨 169億
記) 以上을 받어 그돈으로 民主共
和党을 組織하고 大統領 및 国会
議員選擧에 勝利하여 民政移讓 後
의 執權을 꾀하고
② 平和口保를 抛棄하고 請求權을 有ç
無의 少額으로 妥協하려 하고
③ 長官任命에 있어서도 日本의 指示를
받었고 한다
④ 邪朝金太平 에도 作戰中에 金鍾
泌氏는 日貨 1阡億弗 저리 手票4枚
을 받었다 한다
⑤ 지난 6日 市民會館에서 開催된 演
諸會席上에서 「李淀用이가 되는 限
디 있더라도 韓日問題는 期於히
妥結하겠가···」는 發言을 했다
等의 捏造한 虛僞事案을 摘示謄
寫한 告發狀 約30枚를 市題,
記者들에게 配付하여 取材케한

(16일자)

84

고 此는 新聞 製作의 正常的인 過程
을 거쳐 同일 午後 1時頃 北京서 刊
新聞의 東亞日報 및 同일 午後
10時頃 4月8日字 朝鮮 및
其 各 新聞紙에 揭載케 하고
其頃 同紙 또는 掲載된 新聞紙
約 數10萬部를 이를 特別히 以 全
國 縣漢 해서 頒布케 해서 被害
者인 大統領 朴正熙 同 國會議員 金
鍾泌 等 兩人의 名譽를 毀損하는
同時에 捏造한 事項을 摘示事實
中 ③ 李某로부터 大韓民國 政府를
誹謗하고

第三 大統領 朴正熙 國會議員 金鍾泌
某 兩人으로 하여금 刑事處分을 받게 할 目
的으로 虚僞 事實 知情코 1964年 4月2日
午前中에 顯示 第二 記載 ①乃至 ⑤가
虚僞 事實임을 與實한 事實로 假裝 外患
陰을 適用한 告發狀 各 本意 登記速達
郵便으로 大検察廳 検察總長 앞으로 發
送 其頃 그리 犯罪 捜査 機關인 大検察
廳에 到達 同일 午後 2時頃 同廳에서 同을
管轄 検察宁으로 이를 地方検察宁에 送付 接受
케 하여서 同 告發 事實中 ①②③ 事實에 依하
여 顯示 被害者 兩人을 誣告한 것이다

(16김지)

83

서울지방검찰청

서지검 제 호   1964. 4.

수신 서울지방검찰청 검사장 서주연

제목 국회의원 체포 동의 요청의 건

  당청 64년 형사제13005호 및 동 제13850호 피의자 김준연에
대한 출판물에 의한 명예훼손, 특정범죄 처벌에 관한 임시특례
법 위반 및 무고 등 피의사건에 관하여 수사 중이온바 동 죄로
서울형사지방법원에 구속영장을 신청코자 하와 우선 국회법 제
27조에 의하여 국회의 동의를 얻어야 할 것으로 사료하오니 동
조치를 취하여 주시기 무망務望하나이다.

다   음

1.   피의자 인적사항

본적 전라남도 영암군 영암면 교동리

주거 서울특별시 성동구 하왕십리동 821

직업 국회의원

성명 김준연 당 70세

2.   수사자료

가. 형제13005호 출판물에 의한 명예훼손 피의사건

① 고소고발인 민주공화당 사무총장 윤천주

② 고소고발 일자 1964년 4월 4일

③ 당청 접수일자 1964년 4월 6일

④ 범죄사실 별첨

나. 형제13850호 특정범죄 처벌에 관한 임시특례법 위반

및 무고 피의사건

① 고소고발인 전동 윤천주

② 고소고발 일자 1964년 4월 11일

③ 당청 접수일자 1964년 4월 11일

④ 피의사실 별첨

이상

검사 ○ ○ ○

연설의 정석

별지(범죄사실)

    피의자 김준연은 20세 시 경성제일고등보통학교를 졸업하고, 23세 일본 제6고등학교를 졸업, 26세 시 일본 동경제국대학 법학부를 졸업, 30세 시 독일 백림대학 법학과를 수료한 후 31세 시 귀국하여 32세 시 조선일보 논설위원, 33세 시 동아일보 논설위원, 34세 시 동사 편집국장에 재직 타가 엠알MR당 사건으로 7년간 서울 서대문형무소에서 복역 후 40세 시 동아일보 주필로 재직 시 손기정에 대한 일장기 말살 사건으로 동직을 사임하여 이래 농장 관리인으로 소일 타가 8·15 해방 후 1947년 한국민주당 노농부장 및 선전부장을 거쳐 1948년 초대 국회의원 당선, 1950년 11월 법무부 장관, 1954년 이래 제3, 4, 5, 6대 국회의원에 피선, 현 국회의원으로 재직하면서 자유민주당 최고위원직에 있는 자인바,

    제1. 1964년 4월 2일 오전 12시경 시내 중구 태평로 소재 국회의사당 내 국회기자실에서 중앙, 지방, 외신 등 일간신문 및 통신사 기자 최영철 외 30여 명의 면전에서 그들이 신문기자라는 점과 피의자가 발설하고저 하는 내용이 대통령 박정희, 국회의원 김종필 및 민주공화당 등의 명예를 훼손할 허위의 사실이라는 점, 그리고 그 사실을 발설하면 전시 각 기자들이 근무하는

신문사의 신문 지상에 보도된다는 점 등을 지정知情하면서 그들을 비방할 목적으로,

① P.K. Line(박·김 선)이 일본에서 약 2천만 불(일화 70억 원) 받은 사실의 경로를 밝혀라.

② 필리핀 청구권을 10분지 1로 줄이는데 성공시킨 대가로 흑백 콤미숀을 받은 大野伴睦씨(일본 자민당 부당수)와 군사혁명 나던 해에 김종필 씨와의 비밀교섭에 관한 내막을 현지조사해서 공개하라.

③ 공화당이 승리만 하면 작년 말까지 9천만 불을 일본서 줄 것이라고–공화당에서 흘러나왔으니 그 진상을 밝히라.

④ 김종필씨 외유 시 한은에서 가져간 10만 불을 비롯하여 6, 7명의 기타 인사들이 해외에서 소비하고 있는 불화 총액을 밝히고 그 계정을 국민에게 공개하라.

⑤ 김씨가 받은 국제관례에 의한 6%의 왈 콤미숀과 평화선 홍정 대가로 (이미 12해리 전관수역 직선으로 결정되었다는) 암거래 콤미숀을 받았다는 설에 대하여 철저히 규명하라,

는 등의 허위사실을 구두 성명의 방식으로 발표한 동 시 동 내용을 기재한 유인물 수십 부를 각인에게 수교하여 동 기자들로 하여금 기경其頃 차此를 동인 등이 종사하는 신문사 발행의 4월

2일자 석간 및 동월 3일자 조간인 동아일보 및 조선일보 등 신문 지상에 게재케 하고, 기경 그것이 게재된 약 수십만 부의 신문을 서울특별시 및 전국 구독자에 반포케 하여서 피해자인 대통령 박정희 및 동 국회의원 김종필 양인의 명예를 훼손하고,

제2. 1964년 4월 8일 오전 12시경 전시 국회 출입기자실에서 전현前顯 제1 기재 기자들에게 그들이 신문기자라는 점, 피의자가 기자들에 배부하고 설명한 등사된 고발장 기재 내용은 대통령 박정희, 국회의원 김종필 양인의 명예를 훼손하는 날조된 허위사실이라는 점을 각 지정知情한 동시에 동 허위날조 된 사실 중 국가통치권의 작용에 관한 부분은 정부를 비방할 목적으로,

① 박정희씨와 김종필씨는 혁명정부의 최고지위를 이용 일본으로부터 미화 1억 3천만 불(한화 169억원) 이상을 받어 그 돈으로 민주공화당을 조직하고 대통령 및 국회의원 선거에 승리하여 민정이양 후의 집권을 꾀하고

② 평화선을 포기하고 청구권을 유야무有若無의 소액으로 타협하려 하고

③ 장관 임명에 있어서도 일본의 지시를 받았다고 한다.

④ 소위 김·태평太平 메모 작성 시에 김종필씨는 일화 1백억 원 짜리 수표 4매를 받았다고 함

⑤ 지난 6일 시민회관에서 개최된 연설회 석상에서 "이완

용이가 되는 한이 있더라도 한일문제는 기어히 타결하겠다.…"는 발언을 했다 등의 날조한 허위사실을 적시 등사한 고발장 약 30매를 전현 기자들에게 배부하여 취재케 하고 차此를 신문제작의 정상적 과정을 거쳐 동일 오후 1시경 재경 일간신문인 동아일보 및 동일 오후 10시경 4월 9일자 조선, 한국 등 각 신문지에 게재케 하고 기경 동 기사가 게재된 신문지 약 수십만 부를 서울특별시 및 전국 구독자에 배포케 하여 써 피해자인 대통령 박정희, 동 국회의원 김종필 양인의 명예를 훼손하는 동시에 날조한 전항前項 허위사실 중 ③사실로서 대한민국 정부를 비방하고,

제3. 대통령 박정희, 국회의원 김종필 등 양인으로 하여금 형사처벌을 받게 할 목적으로 허위사실 지정知情코 1964년 4월 8일 오전 중 전현 제2 기재 ① 내지 ⑤의 허위사실을 진실한 사실로 가장 써 빙죄憑罪를 통용한 고발장 우편본을 등기 속달우편으로 대검찰청 검찰총장 앞으로 발송, 기경 그것이 범죄 이고移告기관인 대검찰청에 도달, 동일 오후 2시경 동청에서 차를 관할 검찰청인 서울지방검찰청에 송건 접수케 하여 써 동 고발사실 중 ① ② ③ 사실에 의하여 전현 피해자 양인을 무고한 것이다.

연설의 정석

해제

'김대중 연설'의
기술과 예술

'김대중 연설'의 기술과 예술

김 학 민

'말'은 기록되어야 한다

나는 '글'을 다루는 인문사회과학 도서의 기획 편집자로서, 상당 기간 '정치인 김대중'의 언론매체와의 회견과 대담, 국회·정당 등 각종 회의석상의 발언, 유세장이나 대중집회의 연설 등 그의 '말'에 큰 관심을 두고 있었다. 그 관심은 김대중이 대표적인 '말의 정치인'이기 때문이고, 그의 '말'에는 겉으로 드러나는 태도와 이미지가 아니라, 숱한 노력과 숙고의 결과물이 들어있기 때문이다.

'말'은 '글'로 변환되지 않으면 바람처럼 흘러가, 본질은 잊히고 이미지만 남는다. 곧 김대중의 경우 그가 '말만 잘하는' 정치인이 아니라, 그의 '말' 속에 국가 운영의 철학과 원칙, 제반 사회정책 및 그 아이디어 등이 차곡차곡 챙겨져 있음을 반추하려

연설의 정석

면 '연설'을 '연설문'으로 호환Compatible, 互換 하려는 노력이 있어야 한다.

그런 '김대중의 말'에 대한 내 생각을 구체화해 보려고 한 첫 시도는 1980년 '서울의 봄'의 시공간에서였다. 나는 그해 벽두부터 접근금지가 풀린 '동교동'으로 출근해, 김대중 선생의 연설 테이프를 카세트 녹음기로 들어가며 녹취록을 작성하는 지난遲難한 작업을 하고 있었다. 그러나 이 작업은 그해 5월이 다가오면서 정국이 긴박하게 돌아가자 중단할 수밖에 없었고, 전두환 폭압 정권이 내리막길을 걷기 시작한 1980년대 후반에서야 다시 시도할 수 있게 되었다.

1987년 12월의 제13대 대선을 앞두고, 10월 5일 민통련 주최 김영삼·김대중 정책 질의·답변문『정책과 선택』, 1988년 5공청문회에서의 광주 민주화운동에 대한 김대중의 증언록『1980년의 진실』, 평민당·민주당·새정치국민회의 총재 재임기의 연설 모음집『평화를 위하여』(1989), 『민족의 내일을 생각하며』(1990), 『그래도 역사는 전진한다』(1991), 그리고 김대중 총재의 발언·연설 중 통일 이슈만 정리하여 펴낸『공화국 연합제』(1991) 등의 단행본 연설문집이 그 결과물이었다.

말, 연설, 웅변

모든 동물 중에서 사람만이 '말'을 한다. 사람이 만물의 영장이 된 것도 말을 하게 된 데 있다고 할 수 있다. 사전적 의미로서 '말'은 '사람의 생각을 목구멍을 통하여 조직적으로 나타내는 소리'로 정의된다. 사람에게 그리도 중요한 '말'이 이렇게 당연하고도 간단한 구절로 정의되지만, 사람의 일생에서 목숨을 지키는데 필요한 공기와 음식을 빼놓고 말 만큼 사람의 삶과 밀착된 것도 없다. 한마디로 말이 없는 개인생활이나 사회생활은 상상조차 할 수 없는 것이다.

연설Speech, 演說은 사람의 사회생활에 개입할 수밖에 없는 꼭 필요한 '말의 묶음'이다. 곧 연설은 '불특정 다수 또는 소규모 공동체 성원들 앞에서 자신의 견해나 주의, 주장 따위를 얼개를 세워 조리 있게 정리하여 말하는 행위'이니, 사회적 동물인 사람으로서는 모두가 나름의 '연설'을 할 수밖에 없는 것이다. 그리고 웅변Oratory, 雄辯은 듣는 이들 앞에서 자기의 주의, 주장을 당당한 몸짓과 유창하고 우렁찬 목소리로 호소하는 보다 '기능화된 연설'이라 할 수 있다.

연설은 궁극적으로 '설득'을 목표로 하기 때문에 듣는 사람과의 관계를 살피고, 그 반응에 즉각적으로 조응해야 한다. 그래서 아름다움과 즐거움을 추구하는 문학작품과는 달리 연설은 도구적·실용적인 목표로 사용된다. 이 때문에 '훌륭한 연설자'는 당대의 정치사나 사회사를 대변해주는 사람이 될 수도 있다. 수사학修辭學은 그러한 '훌륭한 연설자'가 되기 위한, 곧 효과적

연설의 정석

으로 '말'을 사용하는 기술을 연마·습득하는 고전적 웅변술의 이론이다.

우리나라에서도 구한말 개화기에 독립협회가 종로 네거리에서 만민공동회를 연거푸 열자, '자기표현'에 관심을 가진 개인들이 속속 나타났다. 수백 년 봉건체제 아래서 '자아'를 드러낼 수 없었던 대중이 '연설'에 뛰어들었고, 그 바람을 타고 연설 방법에 관한 서적도 발간되었다. 『금수회의록』을 지은 안국선이 1907년에 펴낸 웅변입문서 『연설법방演說法方』이다. 이 책은 연설자의 태도, 연설의 역사, 연설 준비 등에 대하여 동서양의 명연설문을 인용하면서 자세하게 설명하고 있다.

또한, 이 책은 '웅변가의 최초', '웅변가 되는 법방法方', '연설자의 태도', '연설자의 박식', '연설자의 감정', '연설의 숙습熟習', '연설의 종결' 등으로 나누어 웅변술 요령을 설명하고 있다. 말미에는 '청년강습회의 연설', '낙심落心을 계戒 하는 연설', '정부 정책을 공격하는 연설', '단연연설斷烟演說', '학교의 학도를 권면하는 연설' 등 당시 시대상을 반영하는 연설 예문도 수록되어 있다.

성공적인 연설자의 조건

연설하는 사람, 듣는 사람들, 연설의 배경이 되는 시기와 장소를 비롯한 여러 조건에 조응하는 연설 내용, 음성 전달, 발음, 몸짓 등에 따라 연설의 즉각적이면서 효율적인 결과가 드러난다.

곧 연설은 정보를 전달하고 즐거움을 주기보다는 듣는 이들을 설득하는 것을 최우선으로 해야 한다. 성공한 설득의 결과는, 듣는 사람들의 행동을 바꾸게 하고, 신념과 태도를 강화한다. 또한, 듣는 이들의 오도된 견해를 바로잡아 자신의 소망과 신조에 우호적인 심리 상태로 이끌 수 있다.

그러나 연설자가 반드시 최고의 논객일 필요는 없다. 그에게 필요한 것은, 탁월하고 명쾌한 사고의 능력, 폭넓은 인문학적 지식, 적절한 유머 감각이다. 그런 능력이 갖추어져야 제기된 쟁점과 과제 및 해결방안, 원인과 결과를 통찰하여 청중과 정서적으로 일체화될 수 있는 것이다. 모름지기 '훌륭한 연설'은 듣는 이들의 동기와 감정, 성향에 대한 강한 호소에서 나온다. 그러나 지적인 논리와 감정적인 호소가 균형을 이루지 못하면 연설은 실패한다. 곧, 과유불급過猶不及이다.

'훌륭한 연설자'는 연설에서 자신이 주장하는 바를 몸소 실천함으로써 그가 피력하는 주의, 주장의 정당성을 강하게 한다. 또한, '객관과 중립'을 내세워 기계적이고 초연한 자세를 보이기보다는, 대중 추수주의에서 벗어나 과감하게 이슈를 발굴, 선취하여 다시 대중에게 설명 호소하고, 그 해결을 위한 실천의 행동과 방향을 제시할 줄 알아야 한다.

다양한 자리의, 다수의 청중 앞에서 연설하는 모양이 확인되고, 그 연설문이 잘 정리되어 있는 정치인 중에서 김대중 대통령이 가장 뛰어난 연설자라고 평가하는 데는 크게 이론이 없을 것이다. 한마디로 그는 '훌륭한 연설자'가 가져야 할 모든 조건을 갖추고 있다.

우선 폭넓은 지식이다. 이는 청중으로 하여금 깊은 믿음과 안도감을 갖게 한다. 또한, 이는 각계각층의 청중에게 맞춤형 메시지를 전달할 수 있어 소통에 효율적이다.

둘째는 통찰력이다. 그는 연설 시점의 정치·사회적 정황, 청중이 갈구하는 포인트를 정확히 통찰하고는 확신에 찬, 그리고 당당한 어조로 그 대안과 해결책을 논리적으로 제시하여 공감을 유도한다.

셋째로는 언어의 소구력訴求力이다. 그는 고전 명저의 명구(名句)와 속담·고사를 인용, 비유하고, 서민의 언어와 유머를 적절하게 구사하여 자연스럽게 청중과 소통한다.

그러나 무엇보다도 그를 '훌륭한 연설자'로 만든 것은 '행동하는 양심'으로 표현되는 그의 언행일치言行一致의 삶이다. 두말할 필요가 없다. 말만 앞세우고 행동과 실천을 하지 않는 사람의 연설에 누가 열광하겠는가?

다수의 횡포에 대항하는 필리버스터

1964년 4월 20일, 정부는 '국회의원 체포 동의 요구의 건'을 국회에 제출하였고, 6대 국회 의석 175석에서 110석을 확보한 집권

공화당은 4월 20일 당일 '국회의원(김준연) 구속동의안'을 41회 19차 본회의에 상정하였다. 그러나 41회 국회는 4월 21일 자정에 회기가 만료되기 때문에 그렇게 황급히 구속영장을 청구할 필요가 없었다.

민정당과 삼민회, 두 야권 교섭단체는 회기 만료 하루를 앞두고, 굳이 야당의 격렬한 반대가 예상되는 국회의 동의를 받아 야당 의원을 구속하겠다는 것은 정국을 공포 경색 분위기로 이끌고 가 야당을 위협 협박하겠다는 공작이라고 의심했다. 그래서 합동 의원총회를 열어 본회의에서 의사 진행 변경 발언으로 시간을 끌어 김준연 의원의 회기 중 구속을 면케 하자고 결의하고, 김대중 의원에게 '의사일정 변경'을 요구하는 대한민국 국회 최초의 필리버스터를 수행하게 했다.

필리버스터filibuster는, 의회에서 다수파가 수적數的 우세를 이용해 법안이나 정책을 통과시키는 상황을 막기 위해, 소수파가 무제한 토론을 요구하여 매우 긴 시간 동안 발언하거나, 회의 진행을 늘어뜨려 시간을 소모하거나, 표결을 고의로 방해하는 형태 등 법률이 정한 범위 내에서 의사議事의 진행을 방해하는 행위를 말한다. 영어 'filibuster'는 '사략 해적私掠海敵(대항해시대 유럽 국가들이 경쟁국과의 정규전은 피하면서 경쟁국 무역선의 해상 약탈을 허용했던 국가 공인 해적질)'을 뜻하는 네덜란드어 'vrijbuiter'에서 유래되었다. 이 네덜란드어가 스페인어 'filibustero'로 표기되면서

연설의 정석

'해적, 용병'이라는 뜻을 가지게 되었고, 이게 다시 'filibuster'라는 단어로 영어에 추가되었다.

영어에 추가된 이 단어도 최초에는 정부의 승인을 받지 않은 '무허가 무장집단, 사설 용병단체'를 의미했다. 이것이 1854년 미국 상원에서 캔자스-네브래스카 법Kansas-Nebraska Act(캔자스와 네브래스카 준주를 창설해 새로운 토지를 개방한 법으로, 미국을 분열시켜 남북전쟁으로 치닫게 했다) 의결 당시 반대파 의원들이 의사 진행을 방해하면서부터 정치적 의미로 사용되기 시작했다. 곧 의사방해를 하는 의원들을 '해적'으로 비유한 것이다.

필리버스터의 정석

김대중 의원의 필리버스터는 4월 20일 오후 2시 37분에 시작하여 저녁 7시 56분까지 장장 5시간 19분에 달했다. 나는 김대중 의원의 이 필리버스터 속기록을 구하여 흔글로 호환한 후 여러 번 읽어보았다. (1961년 5월 14일, 강원도 인제군 5대 민의원 보궐선거에서 당선되었지만 5·16쿠데타로 의원선서도 못 해) 실질적으로 초선인 김대중 의원의 발언은 그야말로 '연설의 정석Art of Speech'이었다.

첫째, 김대중 의원은 사건의 근원적 발생 원인을 정확히 짚었다. 당시 한·일 국교 정상화 교섭이 밀실에서 이뤄져 국민은 물론 야당 국회의원조차 그 교섭 내용이나 과정을 알지 못해 이런저런 풍설이 흘러나오게 될 수밖에 없음을 질타하고, 이는 집권

정부 여당의 책임임을 분명히 했다.

둘째, 김대중 의원은 발언 내내 의회민주주의자임을 견지했다. 국회의원 하나하나는 헌법기관으로서 국민을 대변하기 때문에 총체적으로 존중되어야 하며, 민주주의의 근간인 삼권분립 정신에 따라 의회와 관련해서는 1차 의회가 조사하고 결정해야 한다고 주장했다.

셋째, 김대중 의원은 어떠한 경우라도 인권이 보호되어야 함을 주장했다. 구속 동의 대상자인 김준연 의원에 대해 일본 제국주의 하의 독립운동 투신과 투옥, 정부 수립 시의 공헌, 민주주의 확립에 대한 기여 등을 들어 수차례 구속의 부당함을 주장하였다.

넷째, 김대중 의원은 역지사지의 사례를 들어 집권세력을 이해하고 다독이면서 대승적으로 결단하도록 유도했다. 장면 정권 하의 소급입법을 반성하면서 군사정부의 정치정화법을 비판하며, 모든 사안을 역지사지의 시각으로 협의하여 국가발전을 이뤄 나가자고 주장했다.

다섯째, 김대중 의원은 행정부와 의회, 여당과 야당이 국가 발전의 공동운명체임을 설득하는 한편, 정부 여당의 독선에 대해서도 단호하게 지적했다. 당시 학생시위가 격화하는 상황에서 야당을 배려하지 않고 집권세력이 독선으로 치닫는다면 파국이 올 것을 엄중 경고했다.

에피소드 하나

김대중, 연설, 그리고 내가 관련한 에피소드가 하나 있어 이를 소개하는 것으로 해제解題를 마무리한다.

내가 육군 졸병으로 강원도 철원에서 '박박 기던' 1971년의 일이니, 53년 전의 그 해프닝이 까마득하다. 나는 그때 포병대대의 포차 운전병이었다. 당시 전방부대는 1개 중대에 대학을 졸업했거나 재학 중에 입대한 사병이 한두 명에 불과하여 그들은 대개 '행정병'으로 뽑혀 근무했는데, 나는 '불령학생不逞學生'으로 찍혀 군에 입대하기 전 신체검사 때 이미 병과가 '운전병'으로 정해졌다. 당연히 나는 군에 가기까지 전혀 '운전'에 문외한이었다.

그해 4월 27일에는 공화당의 박정희 후보와 신민당의 김대중 후보가 맞붙은 제7대 대통령 선거가 예정되어 있어 새해 벽두부터 온 나라가 시끌벅적하였다. 그러나 육중한 철문과 높은 가시철망으로 둘러싸인 병영에까지 선거 분위기가 감지되기는 시간이 좀 걸렸다. 투표일을 한 달여 앞둔 3월 중순쯤인가? 갑자기 부대 분위기가 설렁설렁 느슨해졌다. 군대도 '선거 준비'에 나선 것이다.

뻔질나던 사역이 뜸해졌고, 아침 총검술 훈련도 사라졌다. 1주일에 한 번은 삶은 돼지고기가 제법 수북하게 배식 되었다. 토요일 오후, 일요일에는 종일 빈둥거려도 포대장이나 소대장, 선임하사가 한마디도 하지 않았다. 일요일마다 포대 대항 축구시합, 배구시합이 열렸고, 이 '단체전'이 끝나면 진 팀이나 이긴 팀이나 공히 막걸리 10말을 부상으로 내려주었다.

어느 일요일인가는 '반공웅변대회'가 열렸다. 각 포대에서 병사 1명 이상이 나와 20분 동안 '북괴의 잔학상과 대한민국의 나아갈 길'을 연설하라는, 포상휴가 1주일이 걸린 일종의 '개인전' 같은 행사였다. 포대장은 "우리 포대에서 먹물 좀 먹은 놈은 너뿐이니, 네가 나가라"고 반^半 권유, 반^半 명령으로 내 등을 떠밀었다. 당시만 해도 나는 내성적이어서 많은 사람을 앞에 두고 '웅변'을 한다는 것은 언감생심焉敢生心 엄두도 못 낼 일이었다. 더구나 '반공 웅변'이라니.

고심 끝에 〈국산품을 애용해야 북괴를 이긴다〉라는 제목으로 "우리나라 공장에서 만든 제품을 많이 애용해야 경제가 발전하고, 경제가 발전해야 북괴를 이길 수 있습니다! 어쩌고저쩌고…' 개발새발 원고를 작성했다. 신민당의 김대중 대통령 후보가 전국을 누비며 '열변'으로 수많은 국민의 가슴을 뜨겁게 달구고 있을 어느 일요일, 나는 그 원고를 웅얼웅얼 '읽는' 것으로 내 첫 '웅변'을 마쳤다.

연설의 정석